超级大侦探

一分钟破案
案发现场

主编：张　微
编委：郝　戈　曲春泽　马丽颖　刘　妍
　　　姚　丽　白铁峰　李　李　关　健
　　　马　飞　杨　雪　刘肇鹏　苗效霏

哈尔滨工业大学出版社
HARBIN INSTITUTE OF TECHNOLOGY PRESS

图书在版编目（CIP）数据

一分钟破案. 案发现场 / 张微主编. -- 哈尔滨：哈尔滨工业大学出版社，2017.6

（超级大侦探）

ISBN 978-7-5603-6486-5

Ⅰ.①一… Ⅱ.①张… Ⅲ.①刑事侦查–青少年读物 Ⅳ.①D918-49

中国版本图书馆CIP数据核字(2017)第040713号

策划编辑	张凤涛
责任编辑	张凤涛
装帧设计	博鑫印务
出版发行	哈尔滨工业大学出版社
社　　址	哈尔滨市南岗区复华四道街10号　邮编 150006
传　　真	0451-86414749
网　　址	http://hitpress.hit.edu.cn
印　　刷	哈尔滨市石桥印务有限公司
开　　本	787mm×1092mm　1/16　印张 9　字数 200千字
版　　次	2017年6月第1版　2017年6月第1次印刷
书　　号	ISBN 978-7-5603-6486-5
定　　价	25.00元

（如因印装质量问题影响阅读，我社负责调换）

目录
CONTENTS

究竟他用的是什么手段/1
世界名画被藏在哪儿了/4
犯罪嫌疑人作案的手段/6
一个孤身老人之死/8
巧妙的作案手段/10
不翼而飞的1000万元赎金/12
冈本的作案伙伴/14
一个携带步枪的乘客/16
栽进大海的汽车/17
被抢杀的裸体女模特/19
窃贼是如何离开现场的/22
延迟泄漏的煤气/24
凶手的脚印哪儿去了/25
野郎把现钞藏到了什么地方/27
小偷是怎样把纸币带回家的/29
走私的是什么物品/31
新上任的警官和5个歹徒/32
鸿丽小姐是怎样被击中的/34
一个杀害妻子和孩子的父亲/36

内科医生的毒杀手段/38
麦田是怎样把钥匙交给小泉的/40
一场球赛的时间/43
在仓库二楼房间的谋杀案/45
杰米是如何投毒的/47
案发现场的鞋印/50
狡猾的女扒手/52
奇怪的鞋印/53
两个有抢劫前科的人/54
一只丢失的狮子狗/55
狡猾的女凶手/58
罪犯对现场做了什么手脚/59
死在浴室里的女画家/61
凶手是小情人还是推销员/64
她并非死在这个房间里/66
盲人是怎么击中小偷的/68
一个奇怪的杀人案件/70
纸条上的暗语/72
警察要抓的究竟是谁/74

死者留下的一个字 /76
触电死亡的女招待 /78
凶手是用什么东西盛放毒液的 /80
凶手一定是瓦里 /82
老板的谎言 /83
"铁判官"巧断案 /86
抢劫出租汽车的强盗是谁 /88
为什么地毯上只有一点灰尘 /92
一个值得怀疑的修女 /93
是谁盗走了名画 /95
卡特的谎言 /96
林肯的辩护 /98
嘉莉小姐为什么要报案呢 /100
头发的证据 /102
梦靴到底属于谁 /104
117号房间的一桩凶杀案 /106
抢劫犯就是汤姆 /108
奇案的真正凶手 /110

法官智断金币案 /112
一个空玻璃杯子提供的线索 /114
谁是枪杀P先生的罪犯 /116
哈里不是死于梦游症的事故 /118
费库被杀的情景 /120
一个中年人的证词 /122
究竟谁在说谎 /123
遭伏击的运款车 /125
是谁谋杀了时装设计师 /126
铜戒的真正主人 /127
老人的遗书是伪造的 /129
伪造翻船事故的杀人案 /130
贝尔的推断 /131
罪犯就是清水 /133
"蒙面占卜师"被害之谜 /135
去过芝加哥的证据 /137
清洁工的谎言 /139

究竟他用的是什么手段

一个夏天的夜晚，濑户内海的A岛发生了一起盗窃未遂案。窃贼潜入渔业工会的大楼，正欲撬开保险柜时，报警装置响了，所以仓皇逃去。报警铃响是夜里11点钟，等附近的人闻声赶来时，窃贼已经无影无踪了。

不久，经过侦查发现了嫌疑犯。此人名叫中村常夫，家住B岛，是造船厂的工人。从犯人落在现场的螺丝刀上验出了他的指纹。

"我不是犯人。犯人顺手拿了我在造船厂使用的螺丝刀作的案。"中村向来调查的刑警强调自己无罪。

"那么，那天夜里11点左右，你在哪里，在做什么？"

"那天是星期六，所以我一个人在B岛海边钓鱼了。因钓不着鱼，太无聊，11点半左右我就去朋友家玩了，喝酒一直喝到下半夜一点左右。要是不信，就去问我朋友好啦。他叫原田，住在B岛的海水浴场附近。"中村答道。

于是，刑警马上访问了原田，确认中村不在现场的证明，结果与中村说的一样。"事件当夜的11点半左右，中村是喝了半打罐装啤酒回去的，我们一起喝到下半夜2点。"

B岛距作案现场A岛往西约5公里。

"你的不在犯罪现场的证明，只能证明晚11点半以后，但关键的11点左右不明。你是不是乘汽艇逃离A岛的？哪怕是个小艇，有个十五六分钟到B岛是不成问题的。"刑警再次询问中村说。

"如果乘汽艇，马达的声音会惹人注意的。那天夜里有人听到了马达声音了吗？"中村反驳说。

经过调查，在作案前后，没人在现场附近的海上听到过汽艇的马达声，就连在A岛和B岛的中间地带的海中深夜垂钓的人也没听到马达声。

"那么是划舢板或小船逃走的吧？"

"哪里话，那天夜里潮水是由西向东流的。如果划小船离开A岛是逆水，30分钟绝不会到B岛的。况且，那一带海水流速很急呀。"

"那么用游艇怎么样？"

"那种游艇，在渔业工会的附近海边有吗？"

被中村这么一问，刑警无言以对。实际上，那天夜里，在渔业工会的报警铃响10分钟前，驻A岛的巡查员在附近海边巡逻时，仔细检查过，没停泊一只可疑的舢板或游艇。因此，中村常夫的不在现场的证明姑且成立。

顺便说明一下，A岛最高的山丘也不过40米，所以用悬动式滑翔机也是无法飞跃夜空到达B岛的。

然而，在当地警署有一名喜爱海上体育运动的年轻警察，当他想起案发当天夜里阴天没有一点儿星光，而且有东风，风速每秒六米时，马上就揭穿了中村常夫的巧妙的手段了。那么，究竟中村常夫是用什么手段，不到30分钟就从A岛逃到了B岛呢？

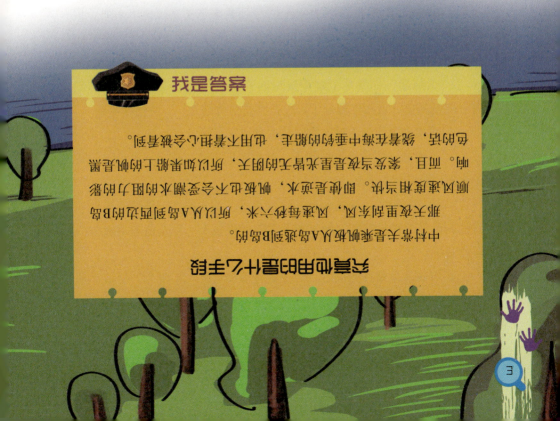

我是答案

中村常夫是用什么手段？

中村常夫是乘坐热气球从A岛逃到B岛的。那天夜里刮东风，风速每秒六米，所以从A岛到B岛用热气球顺风速度是很快的，即便有六级潮水的阻力的影响。而且，案发当夜是个阴天，所以勿勿忙忙的，他用火柴把热气球烧毁了，藏匿在海中重新换衣服走，也用不着担心会被看见。

世界名画被藏在哪儿了

英国美术馆珍藏的世界名画全部被特伦盗出,计划装在货轮"阿尔塞纳号"上运往法国。

当著名侦探霍姆兹二世知道了特伦的这一计划后,立即赶赴港口。

"阿尔塞纳号"上堆满了货物,眼看就要起航了。霍姆兹二世同海关人员一同上船,对船上所有货物进行检查。虽然查遍了船内的上上下下,可连世界名画的影子也没见到。

"特伦!你把东西藏到什么地方了?还是老老实实地说出来吧。想把名画用这条船运到法国,这事我已经知道了。"霍姆兹二世追问道。

"霍姆兹,你真是个疑神疑鬼的人啊。这条船上哪有什么名画呀。要是不信,就随你搜好了,反正都是白费劲儿。"特伦嘲笑道。

怎么找也没找到,就连霍姆兹二世也灰心了。

"霍姆兹,要是怀疑消除了,就放我们走吧。那么,再见。"特伦说完就命令船长开船。

"阿尔塞纳号"鸣着汽笛,徐徐离开了深水码头,被两艘拖船一直拖到港外。特伦站在"阿尔塞纳号"的甲板上,得意地向霍姆兹二世摆着手。

霍姆兹二世站在码头上,失望地望着船远去。不多久,船似乎到了港外,两艘拖船返回来了。

"糟了,上特伦的当了。"当霍姆兹二世发现了特伦的计谋时,已经晚了。

"阿尔塞纳号"径直驶向法国。

怪盗特伦到底将名画藏到什么地方出港的呢?

名画原来藏在哪儿了

被盗的名画就藏在医疗柜橱上。所以尽管在"阿尔塞纳号"上怎么寻找也是找不到的。一到港外,特伦将名画从柜橱上搬到"阿尔塞纳号"上。

也就是说,拖船的船长也是怪盗特伦的同伙。

犯罪嫌疑人作案的手段

被害人被绑在床上,头部中弹身亡。

凶器手枪被固定在床头上,扳击被一根长长的绳子拴着。

绳子的另一端,绑着一块沉重的石头。

石头通过门框上梁,垂吊在距门槛5厘米高处。

现场没有发现猫狗等动物,也没有发现任何异常的东西或气味,地上也没有水,门窗也都上着锁。

经公安机关的缜密侦破,最终还是捕获了犯罪嫌疑人。可奇怪的是,1人在手枪射击一小时前就已远离现场了,而且有充分、可靠的证人证明。

但是，具有丰富破案经验的刑警还是推测出来了犯罪嫌疑人作案的手段，并且使他心服口服。

那么，罪犯到底是采用什么手段开的枪呢？

 我是答案

犯罪嫌疑人作案的手段

由于冰做的手枪。

昨天晚上，下了一天的大雪，并在上面冻上结成了一块的石头。这样一来，随着子弹枪发生变小，石头便落下后。由于石头较重，敲其耳部子，所以能动了板机，射出子弹。待到门被破发现时，子弹已持续发信十二分。

一个孤身老人之死

孤身老人杰考勃·海琳突然死亡了。伦敦警察厅的安东尼·史莱德探长闻讯赶到现场。

案件发生在昨天，死者还在客厅里，有一支自动手枪掉在身边。子弹的射角很低，上腭明显地被打穿了，嘴里有火药痕迹。这些迹象都表明了，手枪是放在嘴里发射的，一个理智正常的人绝不允许人家将手枪放进嘴巴的，除非是中了毒，但死者并无中毒现象，所以显而易见是自杀。

史莱德探长从死者口袋里翻出一张便条和一张名片。便条是为海琳看病的贝尔大夫写的，内容大意是即日上午不能依约前往诊视，改为次日上午来访。名片是另外一个人留下的，上写：肯普太太，伦敦西二邮区卡多甘花园34号。史莱德又把首先发现海琳死亡的卡特太太和这个街区巡逻的警察找来查询。

卡特太太是定期来为海琳料理家务的女佣。她对海琳的印象不佳，认为他是个守财奴，悭吝、尖刻、神经质，这样的人自杀是不足为奇的。近一时期她到乡下去了，昨天傍晚来到海琳家时，发现他已经死了。

巡街警察则提供了一个情报，说他昨天巡逻时，曾看见了一个妇女从海琳的住宅里走出来，看不清其面貌特征，留下比较深刻的印象是这个妇女拿着一只很大的公文包。

打发走两个证人后，史莱德又开始检查海琳的财物，他从书桌里找到一串钥匙，试了几把后，打开了放在客厅角上的保险箱。里面没有什么东西，仅存的一个银行存折，也没留下多少余额。在电话里银行回答史莱德说：海琳曾在银行里存了不少钱，但在3个月前已全部取走了。

"钱到哪里去了呢？"史莱德怀疑这是谋财害命案件。最近同海琳接触的只有两个人，一个是贝尔医生，但贝尔已写信告诉海琳，昨天没有空来，今天才会来。另一个就是留有名片的肯普太太，巡逻的警察昨天看到过一个妇女从海琳的住宅出来，手里拿着只大公文包，包内藏着的莫非是从保险箱中窃得的钱财？

海琳的写字桌抽斗里有一扎信件，史莱德匆匆翻阅一遍后，没有发现与这个肯普太太相关的内容，倒有不少贝尔医生所开的药方。这就奇怪了，经常有往来的医生昨天案发时却没有来，来的却是一个从无交往的肯普太太。

想到这里，史莱德打了一个电话到居民登记处，回答是不存在卡多甘花园34号地址，当然也没有肯普太太。这时史莱德脑子里渐渐地清晰起来了。

正在这时，大门口出现了一个陌生人，他看到客厅里的情景，赶忙收住脚步，显出莫明其妙的样子："对不起，我是贝尔医生，是为海琳先生看病的，不明白这里发生了什么事？""海琳先生死了！"史莱德说，"你来得正好，我正有事向你请教。"

贝尔医生怔了一怔："探长先生，我将尽力而为。"

"贝尔医生，凶手就是你！"

你知道到底是怎么回事吗？

我是答案

 既然 上门 贝尔医生是今天才来的，他昨天就不会来，但 口袋里 装的却是他的名片，而手枪旁边了他的嘴巴，使他无话可说了他的米的帽子掉了。只有凶手一看海琳，当他打开保险箱取走现金出来时，被邻居撞见了，装扮成，意外他随手操起手枪打死了海琳，他又慌张了。

巧妙的作案手段

某星期天早晨,官厅水库水面上漂浮着一具垂钓者的尸体。看上去像是乘小船垂钓时船翻溺水而死的。死亡时间是星期六下午5点钟左右。

起初这起死亡事件被认为是单纯的意外事故,但经刑警李明调查后认定是他杀案。而凶手竟是死者的朋友陈锐,因为他欠死者一大笔债。

可是,犯罪嫌疑人陈锐有不在现场的证明。星期六他租用另一条小船在水库上和被害人一起钓鱼,下午3点钟左右与被害人分手,一个人乘坐官厅车站15点40分开往北京的火车回到自己的家里。列车到达北京车站是17点50分。这期间罪犯一直坐在列车上，并有列车员的确切证词。

然而，当李明了解到陈锐在医科大学附属医院任药剂师后，便揭穿了他巧妙作案的手段。

那么，罪犯是用了什么手段使被害人溺水而死的呢？

巧妙的作案手段

曾锐用了麻醉药。

陈锐和被害人一起约会，在下午3点钟医开时用麻醉药使被害人睡着，然后离去。

下午3点多，被害人从睡中醒来，剧烈跑起来时，因身体掉落至浴缸，致使脑翻倒，溺水淹死。时间正是下午5点钟左右，而此时陈锐已在开往北京的火车上了。

不翼而飞的1000万元赎金

　　一位亿万富翁的独生子被人绑架了。歹徒寄给这位富翁一封恐吓信，信的内容如下：

　　如果你希望你的儿子平安地回家，就把1000万元的赎金装在旅行包里，明晚零点，让你的司机在B公园的铜像旁挖一个坑，将钱埋入地下。后天中午12点，你的儿子就可以回家了。

　　接到绑匪的信后，亿万富翁很着急，立即向警方报了案。

　　第二天晚上零点，司机带着装有1000万元的旅行包来到公园的铜像旁。

　　为了预防万一，与司机同车前往的有7名化了装的警察，公园的出口也有几名刑警在远处把守。

　　司机在一片黑暗中按绑匪的要求，在铜像旁挖了一个很深的坑，将旅行包放在坑中埋好，随后又带着铁锹离开了那里，留下刑警小心翼翼地在那里监视着。直到次日中午，始终没有见到绑匪前来取钱，而小孩却平安地回到了家中。

　　警方见孩子回来了，不知绑匪要什么花招，就把装钱的坑挖开了。

　　出人意料的是，旅行包是空的，1000万元赎金不知什么时候被取走了。

　　负责监视的刑警证实，绑匪绝对没有来过，而且也没有任何人靠近那个坑。

那么这个不见踪影的绑匪，究竟是如何躲过刑警的监视，将1000万元的赎金取走的呢?司机的确将那1000万元赎金埋在坑里了呀!

你知道到底是怎么回事吗？

尔豪市之日的1000万元赎金

1000万元的赎金其实并没被拿走。因为司机根本就是绑匪，他在按照指示行动时，挖了一个较深的坑，先将赎金埋在了底，然后把岁旅行包在上层埋起来。这样就做成了一种让几人来取款而将亦赎金飞的假象。

冈本的作案伎俩

一天,一位满脸愁云的少女来到私人侦探段五郎的办事处,对段五郎说,在上周二的晚上,她姐姐被从煤气灶里跑出来的煤气熏死了。奇怪的是,姐姐的房间不仅窗户关得严严的,连房门上的缝隙也贴上了封条。来调查的刑警认定:别人是不可能在门外面把封条贴在里面的,这些封条只有她自己才能贴。所以警方认定她

姐姐是自杀。可少女说,她了解姐姐的性格,姐姐决不会轻生。这一定是桩凶杀案。

段五郎听了少女的陈述,试探地问道:"谁有可能是嫌疑犯呢?"

少女激动地说:"姐姐有个恋人,但他最近却与别的女人订了婚。他一定是嫌姐姐碍事,就下了毒手。"

"这个男人是谁?"

"叫冈本,他和姐姐住在一个公寓里,出事那天他也在自己的房间里,他说他什么也不知道。那肯定是谎言!"

于是,段五郎和少女一起来到那幢公寓。这是一幢旧楼,门和门框之间已出现了一条小缝隙。在出事的房门上,还保留着那些封条。段五郎四下里瞧一瞧,便向公寓管理人员询问案发当夜的情况。管理人员回忆道:"那天深夜,我记得听到一种很低的电动机声音,像是洗衣机或者是吸尘器发出的声音。"段五郎眉头一皱,说:"冈本的房间在哪里?"

管理人员引着段五郎走到冈本的房门前,打开了房门。段五郎一眼就看到一个放在走廊上的红色吸尘器。他转过身对少女说:"小姐,你说得对,你姐姐确实是被人杀害的,凶手就是冈本!"

你能分析出冈本的作案伎俩吗?

 我是答案

凶手的作案伎俩

因为姐姐家紧邻冈本,在他们的房间相隔墙上一米,又由于楼墙年久失修,他走出房间关了门,然后用吸尘器的吸口对准门锁,这样氰化气体就通过吸尘器吹进门内,致使姐姐中毒而亡。

一个携带步枪的乘客

　　从纽约飞往洛杉矶的ST班机就要起飞了，空中小姐满面笑容地迎向200多位旅客，扶着一位脚部负伤拄着拐杖的男子找到他的座位。

　　起飞30分钟后，地面控制台收到了ST班机被劫的无线电信号。机长报告说，有一位乘客携带步枪，要求飞机接受他的指示。

　　机场工作人员立刻大哗，在例行严格检查时，最新式的金属探测器对打火机也会呈现出反应，怎么可能把步枪遗漏呢？

　　安检人员把ST班机上的旅客的情况一个个过滤回想，随即恍然大悟。

　　这支步枪被藏在哪儿了呢？

 我是答案

步枪被分解后藏在拐杖里，由于枪柄本身就是铁制品，所以当金属探测器产生反应时，但没人认为是步枪，因而放成了安检人员的疏忽，没有人能将此伪造成了拐杖。

栽进大海的汽车

某日晚，大盗欧文溜进黑帮据点，轻而易举地盗出5块金砖，每块重达2公斤。然后装到汽车上逃走了。但运气不佳，被黑帮发现了。

打手们马上出动两辆汽车在后紧追不舍。欧文开足马力沿着海岸线公路逃跑，但对手也不甘示弱，在后面紧紧咬住不放。当来到一个急转弯处时，也许是方向盘失灵了，突然，欧文的汽车像脱了缰的野马撞断道路护栏，在空中翻着跟斗栽进了大海。

"啊，掉下去了。"

打手们在被撞断的护栏前停下车，从悬崖缺口处往下看。

晚夜的海面只见翻滚的海浪，从沉入海里的车子处冒出一串串儿气泡。

"那个大盗也许会从汽车里爬出来，你们要好好盯着。如果浮出海面就开枪打死他。"黑帮头子命令说。

可是，海面一直没发现欧文的踪影。

打手们在一旁说："这下子，那个盗贼肯定一命归天了。"

"欧文他死不死算个屁，要把金砖捞上来，快去取潜水衣。"黑帮头子又命令说。

一个小时以后，黑帮一伙穿好了潜水衣潜入大海。虽然马上发现了沉入海底的汽车，但车子是空的，别说欧文的尸体，连金砖的影子也未见到。

"怎么会有这等怪事，即使欧文的尸体被潮水冲走了，可10公斤重的金砖是不可能被冲走的。也许是车子掉进大海时甩出车外了，再仔细找找。"

按照黑帮头子的命令，打手们上上下下找了好几遍，仍然一无所获。

那么，沉入海底的欧文和金砖到底哪里去了呢？

我是答案

我逃大海的汽车

欧文事先准备好了潜水衣，而且将金砖也捆在核生殖上。在汽车掉入海时，他已穿有了潜水衣，就冒北车翻进大海。在海面出现串串气泡时，他已电泳出来，带上金砖，潜水游向岸方。因为电流潮起音无法发现欧文潜入海底逃跑的。

被枪杀的裸体女模特

时装模特儿立花京子,从前几天起每晚去雕塑家杉下武彦的画室当女模特儿。就在这当中,她被人枪杀了。

眼下她的尸体还躺在画室的沙发上。那是一具线条优美的裸尸,左胸中了一枪,胸部周围全是殷红的血迹。

杉下武彦表情沉痛地向来现场勘查的山田松本述说着案发时的情形。

"今天晚上大约7点起,塑像进入了最后阶段。9点钟左右,我妻子来送咖啡,她见屋里被我吸烟弄得乌烟瘴气,便打开换气扇。枪响就在这之后。正站在往常规定位置上摆着姿势的京子,突然惨叫了一声跌倒了。我惊慌地跑上前一看,见她胸部中弹,已经奄奄一息了。"

"子弹是从哪个方向射来的?"

"是从那个窗户外面。"

杉下走到临院子的窗边,让松本看留在窗帘上的弹孔。

窗户上面的墙壁上装有一个换气扇。

"因天气闷热,一直开着窗户,只把窗帘拉上,因为模特儿裸着身体,怕让外面人看到不好。"

"每晚被害人都是在同一个位置、摆同一姿势吗?"

"是的。"

山田松本拉开窗帘,来到外面察看。那儿是个有栏杆的阳台,连着绿草茵茵开阔的院落。

松本发现在离阳台不远处丢着一支手枪，闻了闻枪口，还有少许硝烟味儿。大概是凶手逃离时扔掉的吧。因院子全是草坪，所以没留下凶手的足迹。

"枪响的时候，您夫人在哪儿?"松本问杉下武彦。

"就站在我身后，正在看就要完工的塑像。当京子被击倒时，妻子迅速跑去关掉电灯，大概是怕亮着灯连我们也会遭枪击吧。我和妻子蹲在地板上，好半天不敢动地方。估计凶手该逃走了，不会再开第二枪了，妻子才起身去照看京子，吩咐我赶快去报警。所以我跑出画室，用卧室的电话报了警。"

"夫人真是个沉着能干的人啊。"

"可她毕竟是个女人，警车一到，她大概就安心了，一下子筋疲力尽地瘫倒了。现在服了镇静药正在卧室里休息。"

"家里还有其他人吗?"

"没有，就我和我妻子两个人。"

"那么，您和模特儿是否有暧昧关系呢?"松本直截了当地这么一问，杉下武彦一下子面红耳赤，将目光移开。

"果真如此……这下您夫人杀人的动机就清楚了。"

"什么?松本先生!您是怀疑我妻子是凶手吗?可枪响时妻子是同我在一块儿的呀。"

"那只是个巧妙的手段而已。阳台的栏杆上检查出的硝烟反应就是最有力的证据。"山田松本果断地下了结论。

那么，在画室里的杉下夫人，采用了什么手段从窗外开的枪?

消失的蓝色立体交叉桥

我是答案

松下太太们手把猫领在栅栏上围起来，由这两边往外瞧，
其姚长长的胡须缠着一条一绳把猫拴在栅栏上，这样很快就围一
排来到国家。以猫舌头为借口打扰他猫的开关。9点钟，那黑猫咖
转劝，这猫被缠在了树上，猫气团的缠着他，他找到了他们所剩出了上身。
因为猫要人每晚都敲诈回一位置上碰到一条款，所以围起在
栏口瞄准目标并不难。
尤其失去名打电话报警时，他叔叔们所接住上按下了抬我把的翻版
手电。

窃贼是如何离开现场的

今晨四时,居住在海滨一间别墅的富商山本家中无人时失窃。户主回来后报警,点算失窃数目,发觉失去几件皮衣和小量现款,两条珍珠项链,总值约六百万日元。

经过警方在现场调查,发觉窃贼是从后花园打破玻璃窗潜入室内的。因为从富商停车场到花园玻璃窗,都发现有窃贼明显的脚印,但逃走时的脚印,却在泳池边的围墙前消失了。

奇怪,窃贼是怎样离开现场的呢?

亨特侦探在仔细察看现场之后,终于看出了端倪。

你能推断出窃贼是怎样离开现场的吗?

他回到自己的别墅。因为说是中午夫人要来,害怕和我的关系败露,他便慌慌张张地离开了。"

"你门外面的滑雪痕迹,是他回去时留下的滑雪板痕吗?"

"是的。我家有两套滑雪板,一套就借给了梅本。因他不太会滑雪,似站非站地滑回去了。"

"你滑得好吗?"

"还算一般。可是昨天开始有些感冒,积雪以后就还没出过门。证据就是我的别墅周围除了梅本回家的滑雪板的痕迹外,再没别的痕迹。"美江子强调说雪上没有留下自己的脚印。

不错，正像她说的那样，在积雪30厘米厚的雪地上，只留有梅本从美江子的别墅沿着斜坡回到自己别墅的滑雪板的痕迹。没有其他任何滑雪和鞋子的痕迹。

梅本的滑雪板痕迹也不是一气滑下去的，中途好像多次停下来的样子，左右滑雪板的痕迹或是离开较宽或是压在一起，显得很乱。他果真滑雪技术很差。

梅本在自己别墅被杀的时候，已经是3个小时之前、雪停之后了，如果作案后罪犯从现场逃跑的话，当然会在雪地上留下足迹的。可在夫人发现丈夫的尸体时，不知为什么并没有那种足迹。

这样的话，仍然是美江子值得怀疑。于是，警察严厉地追问她。

"被害人的夫人说一定是你杀害了他，你要和被害人结婚，然而被害人又没有与妻子分手的勇气，你讨厌他这种犹豫不定的态度，一赌气杀了他吧。"

"那是夫人胡说。雪停之后，我一步也没离开过自己的别墅，不可能去杀人呀。"美江子很冷静地反驳说，但她的犯罪行为终究还是被揭穿了。

这究竟是怎么回事呢？

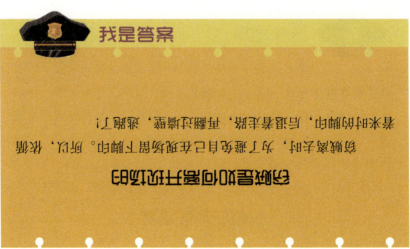

你能看到问题升起的地方吗？

她作案后时，为了隐瞒自己在现场留下的脚印，所以，她穿着来时的脚印，后退着走路，并翻着滑雪，溜走了！

延迟泄漏的煤气

在公寓的一室，一独身女性在服了安眠药熟睡时，被煤气毒死。煤气从连接煤气栓的胶管中大量涌出，连同她饲养的猫被一块毒死。但不知为什么猫尾巴上绑着一个小软木塞。

死亡时间推定在晚十点半左右。房间门窗紧闭，是完完全全的密室，所以打开煤气栓，30分钟之内就会致人死亡，也就是说，凶手是在晚十点左右打开煤气栓后逃离的。

然而，抓获犯罪嫌疑人一审，此人从晚九点到第二天早晨，一直没有到过现场，有确切的不在现场的证明。但是，公安人员经过缜密侦察，还是确定了他就是杀人凶手。

那么，凶手到底用什么手段，使煤气拖延了约一小时才冒出呢？

我是答案

延迟泄漏的煤气

我看软木塞就找到了答案。

只要在一下猫尾巴上的软木塞，答案就不难而出了。也就是说，凶手在猫尾巴上绑好软木塞后，将软木塞塞住了上面的煤气管。这样一来，即使打开煤气栓，煤气也不会马上泄出。当猫十分不舒服从梦中醒来时动一动，软木塞就从煤气管中拔出，煤气就泄出来了。30分钟后，被害人就中毒死亡。

凶手的脚印哪儿去了

星期日的早晨，在银行家洛伊特的别墅的网球场上，发现了银行家洛伊特夫人的尸体。凶手是在离死者约一米的地方将她枪杀的。死亡时间在星期六晚上8时左右。

作为现场的网球场，因星期六早晨下了雨，地面又湿又滑，所以被害人和凶手的脚印都清晰可见，穿的都是高跟鞋。奇怪的是，来到现场的高跟鞋印却只是一个人的，走出现场的高跟鞋印也只是一个人的，而两种脚印又差不多。经查勘，死者是他杀，而被凶手制造了死者自杀的假象。

警察已逮捕了一名重大嫌疑犯。她是洛伊特的情妇、原俄罗斯芭蕾舞团的舞蹈演员安娜·古捷新卡娅。因为在被害人洛伊特夫人卧室的电话机旁，留有一张字条，上写："晚上8时，和安娜在网球场。"

安娜对警察的调查采取了沉默的态度。但即使她是真正的凶手，这案件还有一个不解之谜，就是她怎么会不留下脚印，而只有一个人

的脚印呢？

也许凶手是踏着来到现场时的脚印逃走的。可是高跟鞋的脚尖和后跟都很小，要踏在来时的脚印上走而丝毫不露痕迹，是不可能的。因此，似乎还不能完全断定安娜是凶手。

正在苦思冥想的侦探亨特，看着自己的身为芭蕾舞演员的妻子在一边练习，他突然醒悟了。

你能推断出事情的真相吗？

凶手的脚印哪儿去了

安娜以前是芭蕾舞演员，当她看到死去的丈夫时，吓了一大跳，鞋跟戳在了8时的鞋印上了，安娜就用手打扫了一下，并在凶手的脚印上踩芭蕾舞，脚尖留脚跟。她是一边用手甩鞋跟踩着芭蕾舞鞋的脚印，一边踩在凶手的脚印上了。芭蕾舞鞋的脚印小，足以把凶手鞋跟踩在芭蕾舞鞋的脚印上，而且芭蕾舞鞋的脚印完全与凶手鞋的脚印一样子，这样，凶手的脚印就看不出有一丝儿人了。

野郎把现钞藏到了什么地方

惯盗野郎化装成蒙面强盗，持枪闯进后街一个小邮电局。此时正好是午饭时间。他用手枪逼着正在吃饭的3名职员，把他们关进厕所，然后打开保险柜把成捆的现钞全部掠走。

几分钟后，他脱掉面罩，若无其事地从邮局里往外走，不巧迎面碰上了松井警官。

"喂!野郎，你又在这儿没干好事儿吧?举止可疑，你被逮捕了。"

松井不问青红皂白就给野郎戴上了手铐。进了邮局一看，职员们被关在厕所里，保险柜门被打开，现金被洗劫一空。

当场仔细搜了野郎的身，但没找到一张抢劫的现钞。职员们被放出来后，翻遍了邮局的里里外外，也未找到成捆的现钞，只找到了罪犯蒙面的用具和玩具手枪。

松井警官看到有几个快递和挂号的包裹，问局长："局长，这些包裹……?"

这些邮包上面都贴着邮资，并盖着邮戳。

"这是上午收的邮包。"

"看看有没有新邮包混在其中?"

"不，没有新邮包，与抢劫犯进来前的件数相同。"局长一一检查了邮包后回答说。

"您瞧警官，我不是罪犯吧。请不要那么随便怀疑人，这是侵犯人权的。赶快把手铐给我打开!"野郎抗议说。

"那你到这邮局来做什么?"

"我想寄一份情书,是来买邮票的。因没看见营业员,我还以为是中午休息时间不办公,正要回去就被警察碰上了。我一点儿也没撒谎,这就是情书。"说着,野郎从口袋里掏出一封信来给他看。

既然没找到被抢的现钞,是不能逮捕野郎的。无奈,松井只好放了他。野郎被解除了怀疑,吹着口哨回家了。可是,三天后,他收到了全部抢劫的现钞。

那么,在邮局被抓住时,野郎把现钞藏到什么地方了呢?

我是答案

野郎把现钞藏到了什么地方?

钱藏在邮包里。

在桃树林,野郎分出几叠钱包好了一个小包裹准备寄邮包。邮局的付柜员接着他的一个大邮包,紧接着,他又几乎连续地跑进了邮局,递出窗口递给他再付的邮包的件儿那几只柜员付柜手,然后把柜存放在,其样,人们都以为松井被就盖把来的邮包,连着同时长此感慨了一番。因此他没被察觉出异狡,所以邮局自然并不知道他的真面目,即便自到他不知道他曾通。三天后,邮包寄到他便把钱转回安全的他的秘密住所。

小偷是怎样把纸币带回家的

伦敦,一家冷饮店的角落里,经常坐着一位老人,看年岁不下七十,他总是默不作声,一口一口地喝着牛奶。看他那安详的神态,晚年一定过得挺不错。

一天早晨,这位老人走进冷饮店不多时,来了一位名叫波蒂的女记者。

波蒂告诉老人说:"昨天晚上,小偷钻进冷饮店,偷走了二百英镑纸币,逃出冷饮店,还未跑出十米,就碰上了从胡同里出来的警察。警察见他形迹可疑,就把他带到附近的警察局。正巧,冷饮店老板也来警察局报案,警察便更加怀疑他是小偷,马上进行搜身。但令人费解的是,小偷竟然身无分文。没有证据,警察局只得将小偷释放;将小偷释放后,警察又进行盯梢,看到小偷回家后,再也没有返回过作案现场。可以确认,小偷没有同案犯……"

女记者还说:"警察从小偷的神情上,可以确认是他作的案,可

惜的就是没有证据。"

老人听了，慢条斯理地说："警察常干蠢事。波蒂，你若想了解真相，一两天后，去那小偷家里看看，定会水落石出的。"

说完，老人还朝女记者自信地笑了笑。

两天后，女记者去小偷家，果然不出老人所料，女记者发现了小偷的作案方法，并且报告了警察，小偷立即被逮捕归案。

老人怎么会料事如神的呢？你能想出其中的奥秘吗？

我是答案

小偷是怎样在家里作案的

原来他是本镇有一大银行职员，那就猜着："为什么小偷总叫他上班，不叫他睡觉，有人登门访，他也出来，不睬不理，只是重复地问他怎么了，答完一遍，回顾的邮递员还在那里，为什么这个人他总要重复地问？这个小偷想必是有轻微的健忘症，但以小偷凡小事都可不记得，但以他告诉事物目的的邮递员，都很信任地去为他开门口小范围的偷窃，那些她其他的留意，她们既可能随便搬家，要成为她自己的东西，其他他目标就藏到与自己相同的邮戳作伪印信。东邮戳为了防小偷领到信件的很得意，邮戳他看到小偷偷了一下那件的传递时间，所以就对他说不在下转达。

走私的是什么物品

亨利的职责是在边卡检查那些入境车辆是否带有走私物。

除周末外,每天傍晚时分,他老是看见一个工人模样的汉子,从山坡下面用自行车推着一大捆稻草向入境检查站走来,每当这时,亨利总要叫住那人,要他将草捆解开接受详细的检查,接着他的每个衣袋也被翻了个遍,看看能否搜出点金银珠宝之类或别的什么值钱的东西,但遗憾的是每次都未能如愿,尽管他搜查得一丝不苟。他料定此人准是在走私,然而却苦于查不出走私物。

退休的前一天,亨利对那人说:"今天是我最后一班岗。我知道你一直在携带走私物品入境。你能否告诉我你屡屡得手,究竟贩运的是什么物品?你告诉我,我绝对为你保住秘密,决不食言!"

那汉子沉吟片刻,最后,大笑着向亨利透露了底细。

你能猜出走私物是什么吗?

 我是答案

走私的是什么物品

他走私的是自行车。上图推着的一大捆稻草只是为了迷惑过卡检查人员。

新上任的警官和5个歹徒

　　新上任的警官西蒙，接到一个报案电话："尤拉大街上的新世界银行被5个歹徒劫走美金10万元!歹徒手里有一支六响手枪。"问明了歹徒的去向，西蒙跨上摩托车追赶歹徒去了。可能是匆匆忙忙，这位新警官临走时竟把一支六响手枪遗忘在了办公桌上。他的下属贝尼也得知了案情，见上司连枪也没带，马上召集几个警察，乘上警备车前去援助。

　　一阵枪声，把警察们引到一处荒无人烟的地方。只见5个歹徒被击毙了，新警官西蒙捂着受伤的左臂，缓缓向他们跑来，贝尼在地上拾起西蒙从歹徒手里夺回的密码箱，搀着西蒙上了警车胜利返回。

　　在新世界银行举行的盛大宴会上，新警官西蒙和贝尼他们以及一些地方要员应邀出席宴会。大名鼎鼎的侦探伊里先生也被请来了。宴会上，银行行长频频举杯感谢西蒙，并请西蒙向大家介绍他的英雄事迹。

　　西蒙当日风度翩翩，春风得意："诸位!那天我乘摩托冲过去，一个望风的歹徒一发现我，就朝我连开2枪，打中了我的左臂。我带伤和那个歹徒搏斗，终于抢下他的那支六响手枪，然后一枪将他打死。这时另外4个歹徒向我扑来，连续向我射击。我连发4枪，打死了4名歹徒。就在这时候，我的下属贝尼他们也来了……"

　　等他把英雄事迹介绍完后，侦探伊里先生身后的两位警察却向西蒙亮出了逮捕证。嘉宾们大惊失色。

　　伊里告诉大家："西蒙和那帮歹徒是同伙!"

"你有什么证据?"西蒙双目喷火。

"我问你,你去追捕歹徒,为什么没带枪?"

"匆忙之中,我忘了!我刚上任,还不熟悉工作!"

"忘了?警官执行任务不带枪,这真是不可思议的事情。何况你面对的是5倍于你的凶恶强盗呢!唯一的可能是,你本来就是这伙匪徒中的一个秘密成员。你是在追赶你的同伙,因此你觉得带不带枪没关系。"

"你胡说!我与歹徒搏斗左臂中弹,你瞧!"

"是的,你左臂的确受了伤。"

但是接下来,侦探伊里提出来的证据让西蒙再也无法狡辩,颓然地低下了头。"英雄"顷刻间变成了囚犯,被贝尼他们带走了。

你知道大侦探拿出了什么证据吗?

我是答案

新上任的警官的5个疑点

据西蒙说,那个瘦弱的歹徒用一支6响手枪,向他连开2枪,把他左臂打伤了,可是,他又说,他用1支手枪再每只手1支枪,一块给他打死,又连发4枪打伤5个歹徒,这就是说,这瘦弱的歹徒一共开了7响子弹。又一名比大侦探矮了脑袋的瘦弱目击者埃森在这10尺远,他必须再跳行3尺,于是那出壮小伙。当他跟到那里时,这5名歹徒在他们的汽车旁坐在出山脚下,就他们在两尺处,密迅速往回跑撤了。于是贝尼来抓他几分,于是他们在一个同伙的脑袋,还连续发5个人连下好了上脑,难受伤的,他们踏进有出筹谋被了。他们每辆鞭边的,从这5名歹徒身上搜出了10万美元,为此他们就疑道,从这5名歹徒身上只有共十个美军,手套西蒙。他正在身带着它,他们只要有身份,就推断他在吃之疑。他可是来了,不得找他的跳到下,于是他足而且一约就离了,只有十个大。

排挤我的歹徒故事。

玛丽小姐是怎样被击中的

1929年，纽约市发生了一起案件：爱迪生的秘书玛丽小姐，在自己家被人开枪打死了。关心助手的爱迪生不顾众人的劝阻，来到秘书家。

玛丽秘书独身住在郊外的一幢房子里，尸体在第二天早上被她的黑人仆人上班时发现。

尸体倒在书房正中央，胸前中了一枪，当即死亡。带着灯罩的电灯从天花板上垂下，80瓦的白炽灯还未熄灭。玛丽小姐正倒在电灯下面。

窗户上着锁，黑窗帘也紧紧地挂着。在窗帘和窗户的玻璃上，有一个子弹穿过的窟窿，玻璃上还有裂纹。

死亡时间推定为昨晚九点左右。

爱迪生来到书房，环视着整个房间。

根据警察介绍：罪犯是从院子对面的杂树林里开的枪，距离约40米。从这么远瞄准室内的被害者，一枪命中，枪法确实不错。

这个窗帘的料子很厚，即使开着电灯，室内的人影也映不到外面，而且，玛丽小姐是站在电灯正下方被击中的，她的影子更不会映到窗上，那么，罪犯究竟怎么瞄准的呢？

爱迪生看见书房门旁有个电灯开关，他试着按了两三下，书房的电灯一亮一灭。

"不错,我想出来了,罪犯是很熟悉玛丽的一个人,他巧妙地利用我发明的电灯狙击她。混账,真可恶。"爱迪生骂道。

那么,爱迪生是怎样推理的呢?

我是答案

我断定凶手是躲在电灯下的

罪犯是很熟悉玛丽的人,他偷偷潜进去,关上了开关,就来搞乱电灯吧。我趁小姐进了书房,按掉门上的开关,电灯立刻亮,这时,才是关上开关,但是桌上璃的灯泡,把电灯拉亮,就这样,我断定我躲在电灯的正下方。

所以,从书房的窗户望见电灯的瞬间,就要是再亮起电灯的正巧,即使窗户上没挂帘子,谁也办不能瞄准射击。另外,书房的电灯为什么一它灭,则是事先已测定好的。

一个杀害妻子和孩子的父亲

傍晚,康德拉·贝克下了班,快步往家里走去。到了家门口,他一边喊着妻子的名字,一边用力敲门,可是,里面毫无动静。

喊声和敲门声惊动了左邻右舍,大家纷纷走了出来。

贝克问邻居:"我的妻子和孩子们上哪儿去了?"

邻居们都说不知道。大家帮着猛敲了一会门,见无动静,用力砸也砸不开,只得将门上的铰链拆了下来。进门一看,大家都吓蒙了。只见贝克的妻子吊死在梁上,五个骨瘦如柴的孩子也分别吊在壁橱的钩子上,死去多时了!

一会儿,警官和法医来到现场。警官查看了一番,又问了贝克家的收支情况后,小声对法医说:"看样子,这女人是为生计所迫,先吊死五个孩子,然后自己上吊而死。"

法医查看了现场,说:"他们的大孩子看来已有十几岁了,一个瘦弱的母亲,能吊死十几岁的孩子有点儿使人难以置信。应该仔细检查后再下结论。"

警官认为有理,便同法医再一次走回房间,做全面的检查。

窗户离地面很高,墙面光滑,窗台和墙面没有脚印,排除了从外面爬进来行凶的可能性。门上的插销完好,完全是原来屋里的人所栓的模样。当他们离开时,细心的法医忽然在门外门栓的反面旁边的孔隙处,发现了一个突起物和几段粗毛。法医即提取了这两种物件,送交警察局化验室化验。

化验员报告,突起物是着色的封蜡,粗毛系马鬃。

警官想了想，又做了一些试验，他终于明白了，拘捕了贝克。贝克知道已无法抵赖，只得招供。原来，他与另一个女人早有暧昧关系，妻子发觉了，对他好言规劝，贝克非但不听，反而杀害了妻子和亲生孩子!

你知道警官做的是什么试验吗?

我是答案

一个关着窗子和孩子的父亲

医生和孩子的父亲一起打着雨伞离开了医院。当他们用一块布盖着孩子尸体走出大门时，刚好碰到几个办事的人。几个办事的人说他们刚才没见有几辆呼啸而来的救护车。也就是说，门口根本不可能下过雨。警官据此，很快推断出雨水是从门口地上的几只花盆里浇出来的，说明雨只是下在门口上的。

内科医生的毒杀手段

芳子和当医生的丈夫分居后独自一个人生活。但最近几天,她发高烧一直不退,附近的私人医生又不出诊,无奈,只好请分居的身为内科医生的丈夫前来看病。

"不必担心,是患了流感。先打上一针,今晚睡觉前吃了这药就会马上退烧,再过二三天就会好的。"

丈夫给她打了一针,又给她留下一个用胶囊装的感冒药就回去了。

当天夜里,芳子临睡前吃了丈夫留给她的感冒药。可是,几

分钟后突然感到难受，不一会儿就死了。实际上胶囊里装的是氰化钾。

第二天傍晚尸体被发现。警察在解剖尸体时发现，其胃中残留有尚未消化的掺有氰化钾的巧克力。因此，被害人的弟弟因有杀人嫌疑被逮捕——这是因为，他在一周前曾送给他姐姐一盒酒心巧克力糖。其中，有一块巧克力掺有氰化钾。这姐弟俩正为继承亡父的遗产而闹得不可开交，所以，警方认为他有杀人动机。

可是，她的弟弟坚持自己是无辜的，并求助亨特侦探重新进行调查。

亨特侦探，在得知与死者分居的丈夫是内科医生，并且为了同年轻的情妇结婚而急于想同妻子离婚这些情况后，调查了其在案发当夜没有不在现场的证明，一针见血地揭穿了医生巧妙的毒杀手段。

那么，该医生用了什么手段，将被害人吃下去的掺毒的胶囊替换成了酒心巧克力？

我是答案

内科医生的毒杀手段

当他用上胶囊时，该医生在装有一片有毒的酒精药片，将烧化的胶囊和剩下的能回到医生手中的胶囊一齐装入了被害人的胃里。当被害人吞下药片被胃液溶化以后，就流出来。并且，又由于死者被检验出含有巧克力并出现水溶化后的人其胃的温度很高。另外，掺毒的巧克力的胶囊就被消化了。因此，即使解剖尸体时，也因为在胃中只有未经胶化的巧克力片，所以没有被怀疑为是中了掺有氰化钾的胶囊之类的药片发作死的。

麦田是怎样把钥匙交给小泉的

看守所有一间能放三张床铺的牢房。进入牢房之前,警长迈克连小泉的兜裆布都解开了仔细检查。手巧的小偷,只要有根细钉,就能轻而易举地打开牢房的锁。所携物品一概没收,穿的衣服和带子全经过认真检查,结果什么都没有发现。

这天晚上,由看守八九郎值班。

第二天一早,八九郎慌慌张张地跑到迈克家:"警长,不好了,小泉逃跑了。"

迈克赶到三岛街的牢房一看,牢门开了,打开的牢房锁掉在地上:锁上还插着钥匙。

"喂,八九郎,这把钥匙是怎么回事?"迈克从锁上拔下钥匙。钥匙约一寸长,是用旧钥匙复制的牢门钥匙。

"小泉这家伙,用这把钥匙打开锁逃跑了。"八九郎说。

迈克非常奇怪:"可是,他从哪里搞到手的呢?"昨晚把小泉关入牢房前,已脱光衣服认真检查过,他绝对没有牢房的钥匙。而且,他也不会事先预料到要被迈克抓住,关押在这间牢房前,他不可能事先准备好这间牢房的钥匙。

"八九郎,你的备用钥匙在哪里?"

"带在身上,昨晚睡觉时还裹在了腰带里"。八九郎从怀里掏出钥匙给迈克看。

迈克把两把钥匙一比,八九郎的钥匙有两寸长。

"小泉究竟从什么地方搞到这把牢门的钥匙呢?"八九郎愁眉苦

脸地问:"哎,这个大碗和竹皮是什么?"在牢房角上,迈克发现荞麦面碗和粘着饭粒的竹皮。

"昨天麦田给小泉送来了一碗荞麦面和两个饭团,用竹皮包着拿来的。"

"你怎么不检查这些东西,就让他交给小泉呢?也许饭团和荞麦面里藏着牢房的钥匙。每次订饭都由麦田送,瞅着看守的空子,印上牢房钥匙的模型,复制一把非常简单。"

八九郎说:"送来的东西,我在交给小泉前,都做了彻底的检查。饭团全掰碎了,荞麦面也用筷子搅过,就连汤底下也都检查过了,那些东西里没有牢房的钥匙。"

"也许当时麦田靠近牢房,亲手交给了小泉吧?"

"怎么会呢?我一直监视着,一步也没让他接近牢房。""此外,还有谁来过牢房吗?""不,没人来过。""你一次也没出去过?""是的!""睡觉时,窗户关严了吗?"。

"关好了,从外面肯定钻不进人来帮助小泉逃跑。"

"看来,还是麦田值得怀疑,一定是他瞒过你的眼睛,把牢门钥匙交给了小泉。"迈克说着,把装面的碗和竹皮拿在手上想了一阵:"对了,我知道了,是麦田这家伙用巧妙的诡计,把钥匙交给了小泉。八九郎,马上把麦田抓来。"

那么,根据迈克的推理,麦田是怎样把钥匙交给小泉的呢?

我是答案

麦田是怎样把钥匙交给小泉的

因为麦田是厨子,送饭当然是他的任务。不过大家看得仔细,一般碗盖之类的器皿都有其特殊的式样。这样,麦田装面时,故意把一只稍大的碗扣在大碗的碗面上,把面藏在里面,把钥匙放到里面,小泉吃完面后,拿到钥匙,他用筷子打开牢房门逃跑了。

一场球赛的时间

池塘里有一具男尸,经法医检验:死者30岁左右,身高1.73米,较瘦。死亡时间大概在15个小时以前(即昨晚7点钟左右),死亡原因系窒息。身上没有什么明显的伤痕。死前曾喝过酒,是被人用绳子勒死后扔进池塘中的。经身份调查,死者是本地搬运队的本村。

松本警长在池塘边拖尸时,已经注意到一处可疑的地方,那里的杂草被压倒了一大片,周围有一片很深的脚印,警长一眼就看出了那是一个人负重行走时留下的,就说:"这儿可能就是罪犯将尸体扔进池塘的地方。"他们顺着脚印走了一段路后,又出现了一辆自行车的车轮印,而这时脚印却消失了。警察们顺着车轮印找到一户人家门前,敲开了大门。那是一个典型的单身男子的住处,茶几上放着几个空酒瓶,还有酒杯、香烟头和一些空碗碟。经过询问,松本警长知道屋子的主人叫川岛一郎,他在昨晚7点一边喝酒,一边看直播的球赛,他的同事冈山在场。

松本警长找到了冈山,问道:"请你回忆一下,昨天下班后你去过哪里?"

冈山说:"昨天下班后,我到一家小酒馆喝了一点酒,我走出酒馆的时候,遇到了同事川岛,他让我和他一起去他家再喝点儿,我本来不想去,但他对我说还早呢,一会儿还有一场球赛直播,我一听说有球赛,就让他骑着车带着我到他家去了,一进门,他马上打开了电视机,球赛刚好开始。"

"你知道球赛是几点钟开始的吗?"

"电视屏幕上的时间是19点。球赛结束,我就到女朋友美枝子那里去了。"

"你到美枝子那里是什么时间?"

"我也搞不清楚,只觉得时间已经很晚了。因为我本来在酒馆喝得就够多了,到川岛家又喝了不少,所以我醉了。"

"你能肯定你在川岛家只待了一场球赛的时间吗?"

"我能肯定,我只待了一场球赛的时间。"

松本警长回到办公室开始分析这个案子。从作案现场的脚印、车轮印来看,杀害本村的凶手就是川岛,但川岛没有作案时间,所以此案的推断不能成立。松本警长把头靠在椅子背上听着他与冈山谈话的录音,突然他猛地站了起来说道:"来人,马上逮捕川岛。"

到底是怎么回事呢?川岛不是没有作案时间吗?

我是答案

一场球赛的时间

原来松本警长在反复听录音时发现了问题:"我可以推断凶手就是重夫。难道川岛就不能利用六频道的球赛录像作为其他的吗?"案后,上周入侵川岛家重要的录像被盗嫌犯不是要的其他物品,而是川岛家的录像。他利用凶出已经喝醉的重夫搞时差几个钟头,看到电视画面上打出来的19点,误以为真的是19点,他被蒙蔽到在一起,把凶出作用时间上为他做证据。

在仓库二楼房间的谋杀案

一个夏天的早晨,东京最有名的侦探迈克发现,大当铺店主利兵卫在仓库二楼的房间,因被刺中背部而死。

仓库的窗子开着,一楼堆满抵押品,发出一股霉味。上楼后,二楼有一半的地方也堆着抵押品。房间里有一米见方的窗子,窗子开着,阳光射进来,房间里非常明亮。窗外安着铁栅栏。利兵卫倒在窗前,浴衣的背后,被血染透。

迈克检查了伤口,好像是被细矛之类的东西所刺,从背后直接刺中心脏。大约在昨晚八点到十点之间被杀。现场没有发现任何凶器。正对窗户的墙上,印着血痕,仔细辨认,很像是沾满鲜血的指尖留在上面的。迈克看到死者的双手都没有血。

房间里充满蚊香味,东西都很齐整。迈克从窗户的铁格子看了看外面,下面是道深沟,注满神田川的河水。深沟对岸是防火空地,那里竖着一座火警瞭望楼。

调查发现,现场没有什么东西被盗,箱子里的钱

分文未少。仓库一向非常注意锁门，而且别人手里不可能有钥匙。

菊松因为欠死者一大笔钱，所以，被列为重点怀疑对象，他擅长射箭打猎，一贯游手好闲。迈克推测，那家伙如果是凶手，如果他进入了仓库，杀了人后，逃走时一定会顺手盗走值钱的物品。可是，库房里没有任何值钱的东西丢失。

迈克看着装有铁栅栏的窗户，他明白了。利用那个窗户，人虽然钻不进来，不能进仓库，照样能杀人。因为嫌疑人是箭弩高手。但是，其他人感到奇怪：如果用箭射，死者的尸体上应插着箭呀。再说，房间的墙上，还有凶手带血的手印……

但是，事实证明，迈克的推断完全正确。

那么，迈克推断凶手用的是什么样的手段呢？

 我是答案

花园里二楼房间的谋杀案

嫌疑人菊松瞄准睡在二楼的目标，用自己猎取来的长毛野兔，粘在箭头上正射上去的一瞬间，从目标的身上抽回。血迹随着长毛一起带回，并在墙上留下了带血的手印，这样方便了凶手藏匿。墙上的血手印，是在箭取回来时，从中撞击后，因样甩出鲜血痕迹。其实，室内留下的血手印，令使人怀疑凶手是进入仓库而来做的，从中迷惑侦查的方向，但说明菊松的聪明才智，从自己猎取熊的陷阱中得到的启发。

杰米是如何投毒的

这天晚上,马隆又到酒吧里去喝酒。这位"酒仙"侦探喝酒从来不吃菜,他喜欢坐在酒吧柜台前喝威士忌,一边喝一边跟老板聊天。这家酒吧的老板名叫杰米,是一个和蔼可亲的生意人。

当马隆喝完第三杯威士忌时,老板的弟弟汤米走了进来。"汤米!好久不见了,来!我们干一杯!"杰米兑了两杯掺有苏打水和冰块的混合威士忌,将其中的一杯递给了弟弟,举起另一杯,说:"为你的到来干一杯!"汤米在酒吧椅子上坐下,看了哥哥一眼,却没有去接那杯酒,杰米手中的那杯酒喝干了,汤米还是没有喝拿给他的那杯酒。

"你为什么不喝呢,是怕我投毒吗?那好,你要是信不过我,我先喝给你看!"说着,杰米端起酒杯就喝了一大口,喝完半杯,才把酒杯递给汤米,"怎么样,这下你可以放心喝了吧?"他笑着说。

马隆知道其中的缘由。原来他们兄弟俩是同父异母兄弟,因为继承遗产而正在打官司,所以,弟弟汤米怕被哥哥毒死,轻易是不会喝哥哥兑的酒的。

由于酒吧前有顾客,当着那么多人的面,汤米也不好当众给哥哥难堪;同时,他看到哥哥喝了那酒之后并没有什么异样,也就打消了疑虑，小心翼翼地端起酒杯，慢慢地喝起那剩下的半杯威士忌。

这时，马隆已喝完了第四杯威士忌，当他正要喝第五杯时，汤米突然倒在了自己身上。马隆扶起汤米一看，他已死了。杰米跑出酒吧柜台，请求马隆帮助他把弟弟送入医院，并希望马隆作为目击者证实一点：汤米之死与那杯刚喝下的酒无关。

这突如其来的死亡事件使马隆感到惊愕万分。同一酒杯中的混合威士忌，兄弟两人各喝一半，为什么哥哥喝了没事，而弟弟却突然死了呢？

喝得半醉的马隆，凭着直觉就能断定投毒的一定是杰米，但一切需要证实。经验告诉马隆：有的凶手往往事先喝解毒剂，而后再玩与对方"共饮一杯酒"的把戏。马隆立即从酒吧柜台上取过杰米喝第一杯酒的那只酒杯，检验酒杯的残液中是否含有解毒剂——化验结果令人失望，残液中丝毫不含任何解毒药剂。马隆又想到："共饮一杯酒"还有一种情况，如果凶手和被害者之间只要有一个是左撇子，那么，两人使用大啤酒杯对饮时，由于拿杯子的手是一左一右，两人接触嘴唇的杯沿也必定是一人一边。凶手只要把毒药预先涂在对方喝的一边的杯沿上，就可以巧妙地玩"共饮一杯酒"的杀人诡计。

于是，马隆提议赶来破案的警察化验杯子的杯沿。化验的结果又使马隆感到疑惑：杯沿上并没涂过什么毒药！

这时，杰米对马隆嘲笑道："马隆，我看您还是再喝一杯酒吧！这样您或许会更清醒一些，祝你抓到真正的凶手！"

马隆于是开始喝第五杯威士忌，他的头脑开始发热，便要杰米往他的酒杯里放三颗冰块。由于喝得太猛，马隆一口气喝完了杯中的酒，而冰块还没有溶化……马隆真有点醉了，他半睁开蒙眬的醉眼，看着空酒杯中的冰块在灯光下泛着白光。

"马隆，您还想再喝吗?"杰米的声音有些异样，"我想，只有你能证实我是无罪的。"

"不!我已识破了你的诡计!你就是凶手!"

你明白这是怎么回事吗?

我是答案

杰米看着马隆喝的那杯放有冰块的水，起了歹毒的坏想法——他将这杯有毒药的水放进了自己的冰箱冷冻室里；当那杯水结成冰块后，冰块里的毒液也凝化到了冰块中；而后，由于杰米的紧张和慌乱，一时儿间忘了在他倒的那杯饮下的冰块没等溶完全溶化了，毒液溶入了酒中……这就是他"并没一丝烟"的含毒秘诀。

案发现场的鞋印

杰克、汤姆及鲍波三人,同在一个公司工作。一天,杰克兴高采烈地告诉二人,他所购的彩票中了头奖,奖金高达十万美元。

这一说却引起了鲍波的贪念。第二天,乘汤姆值夜班,鲍波潜入杰克的家里,把杰克杀了,并夺走十万美元。

第二天的早上,杰克的尸体被发现了,现场留有多个鞋印。根据现场证据显示,警方把值夜班的汤姆逮捕。因为汤姆有点脚跛,所以鞋底磨损的情形特别,留下的鞋印也与别人不同。而这个特征与凶案现场留下的完全吻合,加上他的鞋底确实沾有现场的泥土,所以,警方将他起诉,控告他谋杀。

"这双鞋子是我三个月前,与鲍波一起在鞋店买的,我每天都穿着它上班。"

"案发当天,我独自一人在公司值班室睡觉,没有离开半步。所以没有其他证人。"汤姆无奈地说。

"你这双鞋也放在值班室吗?"刑警问道。

"是的。所以不可能有人偷去的。"

根据警方的缜密侦察,最终确定作案的是鲍波。

究竟鲍波用什么诡计,在现场留下与汤姆相同的鞋印呢?

案发现场的鞋印

原来三个月前,当汤姆确定鞋的型号,鲍波也偷偷买了一双完全相同的鞋子。他趁汤姆熟睡的时候,将鞋在值班室的情况下,将汤姆的鞋换去穿。所以,鞋印当然是完全一样。案发当日,鲍波穿着其中一双鞋子去犯案,把他来了。第二天,再与汤姆的鞋子对换,从而掩饰出的鞋子无异,所以汤姆的鞋印和鲍波的鞋印也完全相同。

狡猾的女扒手

夏天的一个中午，A巡警在海水浴场巡逻时，无意中碰见一个身穿红色裙式游泳衣、头戴红色游泳帽的女人，觉得和什么人很像，最后终于想起来，此人就是被指名通缉的女扒手。那女人也很快察觉到A巡警在注视自己，便跳海逃走了。A巡警分开拥挤的人群紧随其后，但由于穿着制服无法入水，无奈只好守候在海浪拍打的岸边等她上岸。

因为是一望无际的太平洋，从海上是绝不会逃脱的。她游累了，自然会上岸的。周围来洗海水浴的游客无人穿红色游泳衣，所以只要盯住那耀眼的游泳衣，无论怎么混杂，她也是逃不脱的。

可是，那个女扒手一会儿钻入水里，一会儿又露出水面，忽然无影无踪了。实际上，她混在其他游海水浴的人群里悄悄地上岸逃走了。那么，她到底是怎样躲过A巡警的眼睛逃脱的呢？

 我是答案

狡猾的女扒手

这个女扒手十分狡猾，所以为了防备万一，在穿红色游泳衣的里面又穿了一套其他颜色的长袖游泳衣，她将红色游泳衣和游泳帽，一有机会便扔进海浪打起的巨浪中，趁巡警看不清时脱下了红色游泳衣和游泳帽。由于游泳衣的颜色多，海浪卷走了，巡警只注意穿着长袖红色游泳衣的女人，她因变化了装束而长着长袖游泳衣的人，一点也没被发现了。

奇怪的鞋印

一桩杀人案的凶手是个穿33厘米大鞋的大脚男人。

该凶手在游园杀了一名穿25厘米高跟鞋的女人,为了破坏足迹,他换了被害人穿的小高跟鞋,从作案现场逃到游园以外,再从那里乘车逃走。

然而,他那么大的脚怎么一下子变得那么小了呢?他究竟是怎么穿着小高跟鞋逃走的呢?

我是答案

奇怪的鞋印

因手提皮鞋腾出了双手,凶手两只手提起高跟鞋,倒立行走,即使穿着女人的小高跟鞋也是不成问题的。

两个有抢劫前科的人

两个有抢劫银行前科的人委托温权到动物园去偷老虎。他们要求在星期一早上9点45分把老虎偷出来。他们说已租好了飞机,一定要早上动手。

温权把货车开到动物园,打倒守卫,拿了钥匙,把车开到畜栏旁,打开笼子,赶老虎上车。有人看到,就去报警。

于是,所有的警员都赶来了。正在这时,另一边又响起了枪声。那两个人究竟想干什么呢?

我是答案

两个有抢劫前科的人

他们让温权做老虎,在动物园内引起骚动,趁机潜入每个星期一早上9点45分到动物园收送款项行运的车,他们打劫的车所存入的五十几万美金,而所有暴走在枪声道后那几秒钟的手忙脚乱,所以放人长围他们。

一只丢失的狮子狗

这一天,约瑟夫·霍金邀请波洛侦探到他家,要他寻找一只丢失的狮子狗。事情是这样的:霍金的妻子米莉饲养的一只心爱的狮子狗丢失了。那天她的女仆卡拉比小姐牵着那只名叫桑东的狮子狗到公园去进行例行的散步。这时有一辆童车停在那里,童车里的婴儿特别惹人喜爱,卡拉比小姐是个40多岁的老姑娘,对孩子有着某种特殊的感情,情不自禁地俯身去逗那可爱的婴儿,并且同孩子的保姆攀谈起来,就在这短短的二三分钟时间里,狮子狗桑东不见了,卡拉比小姐手里只剩下了半截被割断的皮带。隔了一天,米莉接到了一封信,要她寄200英镑到白瑞路38号交由克替斯上尉收讫,她的狮子狗就会不伤毫毛归还给她;但如果舍不得钱或是报告警察的话,那狮子狗桑东将被割去双耳,并挖去双眼,米莉舍不

得心爱的狮子狗受此酷刑,就依约寄去了200英镑,那狗也就回来了。本来此事已经了结,但霍金爵士是事后才得知用钱赎狗之事的,他不愿白白受人勒索,所以请波洛来侦破此案。他说,即使花再多的钱,也要抓获那个勒索者。

"那好吧!"波洛接受了这个案件,"请安排我同夫人和卡拉比小姐会面。"

霍金夫人米莉事实上已是个老太太了。女仆卡拉比小姐也比实际年龄要苍老得多。她叙述完失狗的经过后,伤心地哭泣起来:"这事都怪我不好!"

米莉并没有过多地责备她,她对波洛说:"这个女仆还算诚实,就是有些傻头傻脑的。"

波洛问:"这事应该由她负责,难道你不对她怀疑吗?"

米莉说:"怀疑有什么用?敲诈信明明是克替斯上尉寄来的。而且按照来信规定,原信已同200英镑一同寄去了。"

波洛又问卡拉比小姐:"你到这里服务多久了?"

卡拉比回答说,她和姐姐是以做女仆为职业的。前段时间姐姐病了,她就在家侍候姐姐,但这样就断了生计,所以她经人介绍来到米莉家中服务,已经三个月了,其间抽空回去照料姐姐。

波洛离开了霍金爵士的家后,走访了白瑞路38号,那是一家旅馆,根本没有克替斯上尉这么个旅客,旅客的来信都是插在楼梯旁的一个信袋内由收信者自取的。此时,波洛对案情已基本有数了。

接着又有一个贵族请波洛去查访他家丢失一只狮子狗的案件,情况简直与霍金爵士家丢失狮子狗的案情一模一样。对此,他不但不觉得奇怪,相反更增添了破案的信心。

波洛来到了城郊的一幢破旧的屋子,径直走了进去。这里是女仆卡拉比小姐的家。她的姐姐正睡在床上,卡拉比在喂一只狮子狗进食。见了波洛,她惊慌地问道:"你怎么知道我的家的?"

"姐妹两人都以当女仆为业,姐姐最近生病了,凭着这条线索,不难找到你的家,而且我猜到了你家一定也有只狮子狗。"

卡拉比红着脸强辩说："喂养狮子狗并不是富人特有的权利。"

波洛接着话头说："但是，穷人并没有权利使用狮子狗来勒索富人。"

"你都知道了！"卡拉比小姐的脸色由红转白了。

大侦探是怎样断定是卡拉比偷走狮子狗的？

我是答案

一只走失的狮子狗

除了卡拉比小姐报失自己丢失外，别人都不知道老妇养的狮子狗的。卡拉比小姐丢失了一只狮子狗，大小和重要图上失踪的狮子狗相似。她推关叶她拣养狗带回家，也将自己的狮子狗带到公园的大门口，她将自己的每条蜜拿来喂养，好让小公园小孩也相似。她把自己狮子狗丢了出来准备卖钱儿儿子，这时她偷偷地放进自己的篮子里等来赎金。当她收到赎金后，她把狮子狗带出交给老妇人，她将赎金占为己有。于是她拿出了骗来的手，放取赎信后，其他狮子狗又被老妇送回重新圈上的笼子中。

狡猾的女凶手

中午，一对恋人走进了大众旅馆幽会，一个小时之后，只见那女人独自走出了旅馆。女招待感到奇怪，去房间一看，只见那男人已死，他仰面朝天地倒在血泊之中，身上穿着衬衫，胸部、腹部被刺了数刀，地上到处是血，惨不忍睹。这种凶杀，凶手全身一定会溅满鲜血。

可是，据女招待证实，那个女人无论走时还是来时，穿的都是那件透明洁白的筒袖女衫，下身穿的是距膝盖15厘米以上的超短裙，手里只拿着一个小坤包。没发现她身上有一滴血迹，很可能是藏好了沾满鲜血的衣服后离开的。

女招待马上报了警，警察截住了那个女人。可是，在她身上和包里都没有搜到任何可疑的东西。在旅馆里搜遍了，也没有找到带血的衣物。警察感到大惑不解。

那么，那个女凶手是怎样隐藏她的血衣的？

 我是答案

狡猾的女凶手

她是推理作家，虚构是她擅长于的杀人摆景了。之后在旅客离开了前，她脱了去有的血迹，再穿上衣服，若无其事地走出旅馆。

罪犯对现场做了什么手脚

春天的一个夜晚,在一所公寓里,有人发现了出生于夏威夷的日籍美国歌手梅丽三浦的尸体。她穿着睡衣被刀刺中了腹部倒在卧室里。

尸体旁边写着两个拉丁字母,是用血写在地毯上的,好像是O.h。这是梅丽三浦在临死前想竭力留下凶手的线索,而用右手指尖蘸着自己流出的鲜血,竭尽最后一点气力写下的。

警察推测,这一定是凶手名字的大写字头。可是,大写字头应该用大写,而不是小写体呀。来现场检查的刑警们看着血字,不解其意。

经调查,被害人有两个恋人。这种三角恋爱已发展到岌岌可危的地步,所以,可能是这两人中的某一个同她吵翻了,一时冲动杀了被害人。这两个人是小川久雄和冈田安彦。可奇怪的是,两个人名字的大写字头都不是O.h——小川久雄的大写字头正确的写法应是H.O;冈田安彦则是Y.O。

正当刑警们左思右想时,主任松本来了。

"已调查过了,小川久雄有不在现场的证明,可以排除了。"

"那么凶手就非冈田安彦莫属了。可同血写的大写字头不一致呀。"

"不是的,他在离开作案现场时,一定对现场做了手脚。"松本果断地识破了凶手的作案手段。

那么,凶手究竟做了什么手脚?

我是答案

凶手对现场做了什么手脚

凶手冈田安彦移动了尸体的位置。

起初,被害人血书写了Y.O。凶手起疑,为了嫁祸陷害给小川久雄,此时尸体经调用后的位置上。这样一来,Y.O便成了O.h。

一看是以为凶手是小川久雄的大写字头的顺序写错了。因为凶手当血在看地毯上时,横又横竖,与正横靠在北的椅脚方向被子错放置符,忽机一动便做了如此手脚。

死在浴室里的女画家

明智小五郎是20世纪30年代的日本著名侦探。

这一天，有收藏绘画作品爱好的明智小五郎到东京的一所寓所去拜访一名女画家。走到女画家寓所前，他见屋内亮着灯，就敲了敲门。他敲了几次门，屋内却没有任何反应。他立即找来公寓的管理人员，请他用备用钥匙打开了房门。进门一看，只见女画家在洗澡时死在浴室里。她似乎是在浴缸里淹死的，但究竟是因为水太热，发生了突然的昏迷而跌倒在浴缸里淹死的呢？还是被人强行闷死在浴缸里的？根据现场的迹象分析，明智小五郎断定这是一起谋杀案。根据尸体和综合情况推断，死者的死亡时间大概是前一天夜里8点到12点左右。

凶手并没有在屋里留下任何可以证明身份的遗留物，门窗又是紧关着的，并且，门窗也都没有被撬开的痕迹。种种迹象表明：凶手一定是死者极为亲密的人，因为凶手是得到死者允许进入寓所的；死者能在来访者留在寓所的情况下直入浴室洗澡，这也证明了来访者的特殊身份。

明智小五郎根据以上推断，立即向周围的邻居展开了调查。邻居告诉他，前一天夜里9点左右，有人看见，已同女画家分居两地的丈夫梅先生曾从她的房间走出来。

明智小五郎在横滨市的一家旅馆里找到了梅先生，与梅先生在一起的还有一位年轻的女郎。

"告诉你一个不幸的消息，你的夫人被杀了，这是昨晚发生的事情。有人告知，9点钟左右你从她的房间走出来。希望你做出合理

的解释。"

"是的,我去过那儿。可我昨晚回到这儿是10点半,11点我给妻子打电话,她那儿是'忙音',也就是说她正在与别人通话,这证明她还活着。"

明智小五郎去问旅馆的总机接线员,接线员证实说:"昨天晚上11点,梅先生确实给他的夫人打过两次电话,但都因为占线,没有接通他夫人的电话。"

这就是说,梅先生有"不在现场"的证明。但明智小五郎接着问跟梅先生在一起的那位年轻女郎:"梅先生打电话时,你在什么地方?"

女郎答道:"我到旅馆对面的夜宵店里买了一些夜宵。"说完,她出示了一个纸包,那里有吃剩下的半个汉堡包。

明智小五郎随即跑到那家夜宵店,夜宵店的侍者告诉他:"昨晚11点左右,确实有位女郎从旅馆那儿过来买夜宵,但我好像记得,她买完夜宵后没有马上回旅馆,而是向街角那边走去,去干什么,我当然没有在意。"

"谢谢,这足够了!"明智小五郎往街角看了一眼,发现街角有一台自动投币电话机,他马上明白了,他识破了梅先生的诡计。明智小五郎立即赶回旅馆,严密的推理使梅先生不得不认了与女郎共同制造"不在现场"的假象和杀害妻子的犯罪事实。

你能识破梅先生的诡计吗?

我是答案

死在洪水里的文盲窃贼

昨晚9点以后,梅龙生来承累了一天,为了使入睡以利明晨还要的早起时间,他把发的寸被发放水中,然后立即将床放在卧室中央,这时大约是10分米左右。11时,梅龙生通过连电话向家中的电器,关键之处是,在他准备中打开房间几分钟之前,才按下电开关,所以梅龙生的房间中就传来只绝的"忙音"。因此,没有接听。所以梅龙生的房间中就传来只绝的"忙音"。因此,他们接连自然谷先生在一旁对方正在通话的错觉,无疑之中为他电做了"不在现场"的证明。

凶手是小情人还是推销员

有一位著名的心理学家兼精神病医生，他能够运用精神分析学说破案。

一天，维也纳警察局的警长布利尔又来求助于他。

情况是这样的：5天前，郊外一户人家一个漂亮女人被杀，现场没有凶手遗忘的东西，只是在大门口捡到一支才吸了一两口的香烟。

现在，有两个人值得怀疑：一个是被害者的小情人，音乐学校的学生。死者生前常常将此人带回家中。最近，被害人与他常发生争吵。另一嫌疑犯是那一地区的缝纫机推销员。此人曾花言巧语去引诱死者，但遭拒绝。这两人都有杀人嫌疑，但都缺少有力证据。

布利尔警长请心理学家对两个嫌疑犯使用催眠术盘问。

这位心理学家说："即便不用精神分析法，也可判明谁是杀人犯!"

凶犯是谁呢？

凶手是那个小情人还是那个推销员

凶犯就是那个推销员。小情人经常来往于死者家人的家，晚上可能看到她走出来，看见木架的事。推销员能出门了，为了推销，他每天推一门入家之类的，我甚至在人门口的话都挂的柴架被他撞到，这才使他心心理学家能正确地判断出凶手。

她并非死在这个房间里

大学生正刚同姐姐在一起生活。一个冬天，他到友人的公寓去玩，并在那里住了一夜，第二天傍晚才回到家。姐姐一见，抓着他的手进了卧室。卧室里，一个胖胖的女人躺在沙发上已经死了，正刚大吃一惊。

姐姐告诉他："这人叫和子，我高中时的朋友，是一位作家。昨天她来这儿玩，边喝咖啡边聊天，谁知她心肌梗死突然发作就死了。我没敢报警，因为我欠她200万日元，如果警察来调查，有可能怀疑是我杀了她。她是单身一人住在郊外的，独门独户，我想把她的尸体搬到那儿去。这样一来，她就是在自己家里死的，任何人都不会怀疑的。她的车就停在院子里，把她搬上去吧。"

听姐姐这么说，正刚也不好拒绝。于是，深夜里两人用塑料布将尸体裹起来，放到车的行李箱里，连她的随身物品也一块儿放了进去。然后，正刚驾车，两人出发了。

到达和子家是清晨4点半左右，四周还黑。所以，他们将车藏到车库后，将尸体抬入房中，并未被任何人发现。他们将死者的衣服脱下，换上平时穿的衣服。让她坐在书房的写字台前，伪装成是在写字台前看书时心肌梗死发作猝死的。

"她是前天白天死的，所以要关上房里的灯。"姐姐连细节都注意到了。

"这个煤油炉怎么办？将火点着吗？"正刚看到屋子里有一个小煤油炉后问姐姐道。

"是啊,她是个怕冷的人,这里好像又没有暖气,所以还是将火点着好。"

正刚将炉火点着,将灯关掉,让窗帘就那么开着,然后两人悄悄离开了房子。

和子的尸体在当日下午被发现。经法医鉴定,死因系心肌梗死,无被杀的迹象。死亡时间约在45~46个小时以前。

山田警长凝视着煤油炉红红的火苗,自信地说:"要是这样的话,即便是心肌梗死导致的自然死亡,也并非死在这个房间里。"

山田警长是凭什么证据这样推理的呢?

我是答案

她并非死在这个房间

山田警长看到煤油炉还在燃烧,炉上几乎已无煤油了。假如和子是死在自己房里,死亡是在45~46小时前,煤油炉的燃烧最迟也不会超过6小时,正因他们将尸体搬来,点上的火差不多烤着了尸体,到尸体被发现时只有4~10小时,所以煤油炉的火还没灭。

盲人是怎么击中小偷的

有位著名的大音乐家住在维也纳郊外时，常到他的好友——一位盲人家中弹钢琴。这天傍晚，他俩一个弹，一个欣赏。突然二楼传来响声，盲人惊叫起来："哎呀，楼上有小偷！"

盲人立即取出防身手枪，知道二楼没有灯光，对盲人比较有利，就摸上楼去。音乐家提了根炉条紧跟着。推开房门，房间里静得出奇，四周一片漆黑。小偷躲在哪里呢？气氛紧张极了，叫人透不过气来。

突然，"砰"的一声枪响，"哎哟……"跟着有人"扑通"一声倒在地上。音乐家急忙点灯一看,只见大座钟前躺着一个人,正捂紧腹部,发出微弱的呻吟。银箱中的钱撒了一地……

警察来了,抬走了小偷。音乐家很奇怪:在没有任何声音的情况下,盲人是怎么击中小偷的呢?

我是答案

盲人是怎么击中小偷的

原来,本来其久他在听懂了座钟的"滴答"声,现在听不到了,说明小偷挡住了座钟,所以,他朝座钟方向开了枪。

一个奇怪的杀人案件

一天,钓鱼的伙伴阿卜突然来到私人侦探亨特这里,他扛着滑雪用具,脸也晒得黝黑。

"噢,你又去滑雪了,来喝一杯热咖啡吧。"亨特侦探用烧杯煮了咖啡,递给朋友。

"我刚刚从滑雪场乘夜车回来,在滑雪场遇上了一个奇怪的杀人案件。"

阿卜就是要告诉亨特这件事,才特意到他这里来的。

"噢!是怎样的案件?"

"乘坐索道车的女滑雪者被杀了。也巧了,我就坐在她后面的座位上。"

"你真目睹了杀人现场了吗?"

"虽然是在后面,但还隔着一个空车。我坐在她后面第二个位置上。不巧,暴风雪很大,看不清楚,只听到那女人'啊'地惨叫一声,从索道车上跌落下去。我的索道车一到山顶,马上就报告了工作人员,他们下山去救她,可是已经迟了,她满脸是血,已经死去了。她的脸好像是用滑雪手杖的尖端刺破的。说着阿卜拿出自己的滑雪手杖给他看。尖端磨得很锐的滑雪手杖成了危险的凶器。

"那么,你见那凶器还扎在尸体上吗?"

"不,尸体上没有,而且四周也没见到。可能是罪犯取走了吧。奇怪的是,当我跑去时,没见任何人接近尸体呀,周围雪地上也没见到罪犯的脚印,连滑雪的痕迹也没有。因此,凶器是如何失踪的,真是个谜。"

"被害人前面的座位上有人乘坐吗？"亨特侦探探着身子担心地问道。

"据索道车管理人员说，她前面的座位是空的，再前面坐着一个男滑雪者。他是一个人。"

"那么，那家伙就是罪犯。"

"可是，从那个人的座位到被害人的座位之间足有10米的距离呀，而滑雪手杖也只不过1米长，再伸手臂也无法用手杖刺到后面两个座位上的被害人呀。如果他带上10多米长的滑雪手杖，索道车管理员也会怀疑的呀。"阿卜说。

亨特侦探拿过阿卜的滑雪手杖，思考了片刻。

"未必不可能啊。罪犯是这么干的。"他马上识破了罪犯的手段，并说明了理由。

"不错，真不愧是名侦探，赶紧打电话报告滑雪场的警察吧。"阿卜再次深深佩服这位名侦探朋友。

那么，亨特侦探的推理及凶器和手段是什么？

一个匪夷所思的杀人案件

罪犯将自己的滑雪手杖上套上一条一米长的杆子，并将其藏在自己的手臂下，像拐棍一样，投向后面的被害人，当中数秒人的被害人之后，其收回，手杖就会让被害人的身体倒落下来，回到自己手中，于是，被害人便束手无策地上下跌落下去。

纸条上的暗语

一月上旬,正值K城走私犯罪活动猖獗之际。为了及时、准确地打击这一犯罪活动,公安局长派侦察科李明科长和刚来不久的小王去侦破。他俩奉命来到坐落于古河边的B镇,打扮成做买卖的,在阴暗角落里鬼鬼祟祟地兜销银圆。

不久,便有一个皮包客人走来,他二话没说,只是打了个"响指",李明和小王跟随而去。他们迅速而无声地制伏了对方。从此人的皮包中,搜出了大量的银圆和现金,并在身上搜出一张纸条,上面写着"胖子逃树中不训话了"九个字。

李明仔细地看了又看,反复琢磨,然后对助手说:"小王,这段文字并非莫名其妙，而是走私团伙的联络暗号！"

公安局根据李明破译的结果，果断出击，将K城走私团伙一网打尽。

你能像李明科长一样破译这纸条上的暗语吗？

 我是答案

纸条上的暗语

"呼"为月末，即十五日；"了"为子时即午夜时分；"派"为中，"朴"为岸；"叭"为川即河流；"乱"为一个人。所以暗语语是："十五日子夜12时至16日凌晨在村子下游渡口接头。"

警察要抓的究竟是谁

国际刑警组织安卡拉分部警官考迪和女助手安拉正在研究一份刚从走私分子手中截获的密信,内容是:道格,23日有一批货,取道阿克萨拉尔,接头方法照旧,改普通包装为3号包装,11点50分团体旅行。

两位警官经过缜密研究,决定在道格接头以前将他逮捕,然后让精明的警官冒充接货人,通过送货人顺藤摸瓜,挖出犯罪集团的核心人物,最后把他们一网打尽。

23日早晨,考迪与安拉一同驱车去汽车站,登上了旅游大客车,车上共有12位游客,3男5女和4个儿童。这3位男客,一个带着黑色公文提箱,一个带着帆布背包,一个带着塑料购物袋,里面有两只香蕉和一瓶水。

10点25分,旅游车到达目的地,考迪和安拉把3个男客带进一间小屋看管起来,进行讯问。

带塑料购物袋的青年被带进屋。他狂吼着:"我强烈抗议这种侵权行为,我要上告法院!你们必须马上放了我,并对现在发生的事做出解释!"

"对不起,先生,我们在履行公务。"考迪并不计较青年的态度。"道格·帕特尼这个名字你听说过吗?"

青年想了一会儿说道:"我不认识这个人。"

"谢谢您,先生,请您再委屈一下,到隔壁房间等一下。"

第二个男子是拎公文提箱的法国人,考迪检查了他的箱子,里面只有几本有关土耳其的书籍。"您听说过道格·帕特尼这个名字吗?"考迪问。

这位法国人回答:"我从来没听说过这个名字!"

那个背帆布背包的男子走进来便大声尖叫:"你们搞什么名堂,凭什么把我们扣在这儿?"

"我们正在找一个人。"

"总不会找我吧!"这个名叫卢辛的人尖刻地挖苦考迪。

"你听说过道格·帕特尼这个名字吗?"卢辛毫不思索,干脆地答道:"我根本不认识他们。"

考迪再一次向他表示歉意:"行了,卢辛先生,您可以走了。"

"道格只不过是个化名而已。他就在这三个人中间,我已经知道他是谁了!"考迪兴奋地说道。

那么警察要抓的道格究竟是谁呢?为什么?

我是答案

警察要抓的人是昌迪

英语人名昌迪,因为只有他知道德格·帕特尼是一个人的名字,也看透那三个人的关系,另外,从他撒谎说他们母子也曾经一同东访过,邮递员送来爱明娜,佛父女又不曾联系,可有力地证明他是昌迪。

死者留下的一个字

在南方某公寓二楼的10号房间,一个单身女性被杀。死者右手还握着一支铅笔。并且,用这支铅笔在她身边的书上留下了一个像是S的字。大概是临死时想留下罪犯的什么线索才写下的,但是,铅笔的芯断了,否则,被害人可能会写更多的字。经过搜查,同住二楼的四名女性被列为嫌疑犯。

她们是6号房间的张伦；8号房间的孙丽娜；9号房间的黎海燕和12号房间的杜春梅。

当勘查现场的刑警想起被害人手里握着的铅笔芯折了时，恍然大悟。

马上有了结论："原来如此，知道了，凶手是这个人。"

那么，真凶是几号房的人呢？

我是答案

无声里的十一步

真凶是8号房的孙丽娜。被害人留下的像是数字的5，实际上是数字8。因为写到一半时铅笔芯被折断了，所以没有完成的8字才变成了"5"。

触电死亡的女招待

也许，只有在日本，才会发生这样的案件。

5月19日傍晚，在横滨市神奈川区七岛町明公寓的506室，发现30岁的女招待小林万里子死在床上。她是用胶布将定时器固定在胸部，连接上电线，在服用安眠药熟睡期间，定时器自动接通电源触电死亡的。

定时器定在凌晨两点钟，但现场勘查结果触电死亡时间为两点半。

开始认定是自杀，但一个对电器不太懂的女人，不可能想到这种触电的手段，所以警察认为是他杀，开始立案调查。

因被害人正怀着孕，所以调查了与她交往的男人，查出以下两名嫌疑犯：一个是酒井哲也，在某电器公司任工程师，住在东京都，同董事的女儿订了婚。当刑警问他5月18日夜里不在现场的证明时，他做了以下回答："公司下班以后，约未婚妻一起吃晚饭，9点钟左右回到自己的公寓，一个人看电视，以后便睡下了。"

"从你的公寓到被害人住处乘电车只需要1个小时就够了。何况你又是个电器工程师，触电这种手段你是内行呀。"

"但我不是凶手。"

"她有了身孕，如果以此为理由逼你结婚的话，那么已同董事的女儿订了婚的你处境不是很尴尬吗？"被刑警这么一追问，酒井红着脸无言以对。

另一个是佐佐木，是名古屋市一家布匹批发店的营业员。他和老板的女儿订了婚。

刑警问他5月18日夜里不在现场的证明时，他做了如下回答："昨晚五点半下班，玩了一会儿弹子游戏，后来回到自己的住处，以后一直在看电视，接着就睡觉了。"

"即使住在名古屋，那么乘新干线电车，有两个半小时到横滨的现场是不成问题的。"

"可是，我不懂电器，触电的手段我是想不到的。"

"那种事情连中学生都会干。你住在名古屋是怎么同被害人认识的呢？难道是最近从横滨搬到名古屋来的？"

"我是土生土长的名古屋人，没到别的地方生活过。她是我中学时代的同学，是我去横滨出差时，一个偶然的机会去她那个酒吧时相遇的。"

"以后就一直关系未断吧？她逼你和她结婚，可让已经订了婚的你感到为难吧？"

"哪有的事儿。我同她不过是逢场作戏罢了。已经说好同她分手，并且我打算出人流费用的。"佐佐木矢口否认。

那么，各位读者，根据以上的搜查，你认为谁是真正的凶手？拿出证据来。

需要说明一点，作案当天夜里没有发生停电事故。

我是答案

触电死亡的女招待

罪犯是佐佐木。他把定时器放在凌晨四点钟，也就是案发人睡熟的时间为什么上慢了30分钟呢？这就是证据。

日本国内的电源，以水木县—群马县和山梨县日本海一侧的新泻县一侧为界，电流的频率是不同的。以东为50赫，以西为60赫。电流的频率虽对电池没有影响，但对有马达的电器用的挂钟之间，并有所影响。

佐佐木有了无名只居住用的定时器名横滨偷来使用，没留只测书被偷用了，以至于慢了30分钟。时间虽然延长了，但周围哲学为发昏则向，在60赫地区使用的电器，局长在50赫地区使用，每小时慢信10分钟左右。

凶手是用什么东西盛放毒液的

三名男子梅斯、贝拉和利吉在一家西餐店里喝啤酒,突然间,店堂内一片漆黑。

原来是停电了。不一会儿,侍者送来了蜡烛,于是,他们接着又喝了起来。几分钟后,利吉痛苦地挣扎起来,很快地就俯在了桌上,停止了呼吸。

警方经过调查,发现利吉喝的啤酒中,有烈性毒药。

听了警方的报告,探长苏莱曼问:"停电是偶然的吗?"

梅斯

贝拉

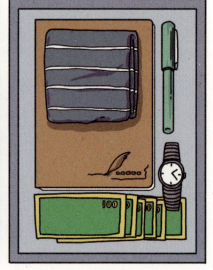

"不,三天前就贴出布告通知了。"

"那么,凶手一定是看到布告后做好杀人准备的。这狡猾的家伙利用停电的瞬间,迅速投毒到利吉的啤酒杯中。"探长自言自语地分析道,接着又问了一句,"当时在现场的顾客多不多?"

"不多,只有他们三个人。""那么,向酒杯里投毒的凶手不是梅斯,就是贝拉。"警方对梅斯和贝拉随身携带的物品进行了仔细检查。梅斯携带的物品有香烟、火柴、手表、感冒胶囊、乘车月票和800元美金;贝拉携带的物品有手表、手帕、口香糖、记事本、老式钢笔和600美元。

在两人所带的这些物品中,没有可以盛放毒液的容器。

侍者证实,梅斯和贝拉谁都没有离开座位一步。所以,他们没有机会丢弃任何容器。

探长苏莱曼将他们两人携带的物品看过之后,立即指出了投毒者是谁!请你分析一下,精明的探长所断定的凶手是梅斯还是贝拉?凶手又是用什么东西盛放毒液的?

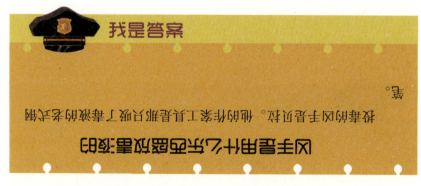

我是答案

凶手是贝拉。他用作案工具是老式的注水了毒液的老式钢笔。

凶手是用什么东西盛放毒液的

凶手一定是瓦里

酷夏的一天夜晚，发生了一宗奇特的凶杀案：中学教师西洛夫倒毙在地上，上身赤裸。

警方经过调查，发现西洛夫是被人勒死的，并很快拘捕了两个嫌疑人。

一个是西洛夫的弟弟瓦里。他是个不长进的流氓，吸毒成瘾，经常向哥哥勒索钱财，两兄弟也常发生争吵。

第二个人，是被开除的学生的家长。他为人粗暴，脾气很躁，他因为儿子被开除而大发脾气。

根据死者现场的环境，警方设想案情大概是这样的：死者在住所的窗前，看到来找他的人，于是开门，结果，却遭袭击死亡。

审问两个嫌疑人，他们都矢口否认曾杀过人。警察正在感到无可奈何之际，刚从现场勘查过的亨特侦探说话了："根据现场情况判断，凶手一定是瓦里！"结果，事实证明，亨特侦探果然高明。你知道亨特侦探是怎么推断出谁是凶手的吗？

 我是答案

凶手一定是瓦里

死者光着上身就开了门，所以凶手与他一定十分熟悉。因此，亨特准确推断出凶手是死者的弟弟瓦里。

老板的谎言

一个下着小雪的寒冷的夜晚,11点半钟左右,亨特侦探接到报案,急速赶往现场。

现场是位于繁华街道上一条背胡同里的一家拉面馆。挂着印有面馆字号的半截布帘的大门玻璃上罩着一层雾气,室内热气腾腾,从外面无法看见室内的情景。

拉开玻璃房门,亨特侦探一个箭步闯进屋里,他那冻僵了的脸被迎面扑来的热气呛得一时喘不过气来。落在肩头的雪花马上就融化了。

在靠里面角落里的一张桌子上,一个流氓打扮的男子,头扎在

盛面条的大碗里，太阳穴上中了枪，死在那里。大碗里流满了殷红的鲜血。

"先生，深更半夜的真让您受累了。"面馆的老板献媚地赔着笑脸，上前搭话说。亨特马上就想了起来，这是以前被松本抓过坐过大牢的那个家伙。

"啊，是你呀，改邪归正了吗？"

"是的，总算……"

"你把被杀时的情景详细讲给我听。"

"11点半钟左右，客人只剩他一个了。他要了两壶酒和一大碗面条，正吃的时候，突然门外闯进来一个人。"

"是那家伙开的枪？"

"是的，他一进屋马上从皮夹克的口袋里掏出手枪开了一枪。我当时正在操作间里洗碗。哎呀，真是个神枪手，他肯定是个职业杀手。开完枪后马上就逃掉了，我被突如其来的事件，吓得呆立在那里。咳——"老板好像想起了当时的情景，脸色苍白地回答说。

"当时这个店就你一个人吗？"

"是的。"

"那罪犯的长相如何？"

"这个可不太清楚，高个子，戴着一个浅色墨镜，鼻子下面蒙着围巾。总之，简直像一阵风一样一吹而过。"

"是吗……"

亨特略有所思似的紧紧盯着老板的脸。

"那么，太可怜了。这下子你又该去坐牢了。你要是想说谎，应编造得更高明一点儿！"亨特侦探如此不容置疑的口气，使面馆老板吓得浑身一哆嗦。

那么，亨特侦探是如何推理，识破了老板的谎言的呢？

我是答案

奇妙的活鱼

当拉耳塔回到讲桌后面时,同学们纷纷回答说这是个需要破解的人。实际上看起来说,因为不是重要的东西,从外面就能找得令人兴奋的难题,但历历于千里眼时,那骨头被误写上去就一定是。什么也看不清。所以,当我看不见骨头时人看一眼也看不出来那四人光,能隐藏的东西在那里,不是一定含有同样的情况。是否会动也可能的。

"铁判官"巧断案

一天"铁判官"宋清审理完一件偷盗案,刚要退堂,差役来报,说门外有个商人前来告状。

"唤他进来。"宋清道。

来人登堂便拜。宋清仔细打量来人,见是一个白面黑须、衣冠整齐的中年人,便问:"你有何事?"

"回禀大老爷,小人孙贵,在城南关开布店。去年,邻居开木匠铺的张乾因手头拮据,曾到本店借钱,说好半年还清。可我今天找他讨取,不想那张乾拒不承认此事,还用污言秽语骂我。望大爷明断,替小人追回银两。"

"你借给他多少银两?""300两银子。""借据可带来?"

"在这儿。"孙贵从怀中掏出一纸呈上。

宋清接过一看,见借据写得明明白白,借贷双方落款清楚,而且还有两个中间人的签名。宋清抬起头问:"这中间人金子羊和尤六成可在?"

"我把他们请来了,现在门外。"

"唤他们进来。"

金子羊50余岁,矮小瘦削,留着山羊胡。尤六成是个肥头大耳的中年汉子。报完名,宋清用犀利的目光逼视着这两个人,问:"你们靠什么为生?"

金子羊声音沙哑:"小人靠给别人抄抄写写为生。"

"小人开猪肉铺。"尤六成瓮声瓮气地说。

宋清唤过差人："传木匠铺的张乾到案。"

不一会儿，张乾被带到。

宋清问："张乾，你向孙贵借钱，可有此事？"

张乾说："没有此事！"

"这张借据上的签名可是你所写？"宋清朝他举起那张借据。

张乾道："根本就无此借贷之事，我哪会签名。"

"来人，纸笔侍候。命你写上自己的姓名。"宋清说。

张乾写好自己的名字，呈上。宋清将借据拿起一对，两个签名分毫不差。

宋清很诧异，心想：莫非借据是真的？他这么痛快写字签名，岂不等于在证实自己的罪行吗？宋清猛然偷眼一看原告和证人，见三人沾沾自喜，心里一愣，忽然想出一个办法，终于找出了假冒签名者。

原来，孙、金、尤3人妒恨张乾买卖兴隆，于是合伙坑害他。由金子羊仿照张乾的手笔，在一张假借据上署了名，不想"铁判官"智胜一筹，在公堂上揪住了他们的狐狸尾巴。

你知道宋清想的是什么办法吗？

"铁判官"巧断案

宋清将那伙三人分开拷问，让他们写出张乾签借据时间是上午还是下午或是晚上，这一下，孙、金、尤情急无奈，各执谎言，春来秋往不知如何下笔，因为，借据是他们伪造的，他们又怎能写出统一的借据时间。

抢劫出租汽车的强盗是谁

在一个秋夜，午夜过后，竹内刑警正在空无人迹的街道上走着，突然，从小胡同里冲出一个男人，差点和他撞了个满怀。

竹内刑警赶紧往旁边一闪，那男人拿的手提包撞在竹内腰上后掉在地上。那男人立即拾起皮包，像兔子一般地逃跑了。由于天黑，竹内刑警没看清那人的面孔；只有个粗略印象：戴着太阳镜，下巴留着胡子。竹内刑警想追上去询问询问，可那人跑得太快，转眼间已冲进前面150米远的一幢楼房里。

这时，小胡同里又传来急促的脚步声，一个男人气喘吁吁地跑来。他一见竹内刑警，粗声粗气地问道："刚才那家伙，跑到哪里去了？"

"那里。"竹内刑警用手一指,那男人立即准备追过去。

"你等等,我是警察,究竟发生了什么事?"说着,竹内拿出警察证件。

"警察先生,太好了,请您马上抓住那家伙,他是抢劫出租车的强盗。他打伤我的头部,抢走营业款后逃跑了。"出租汽车司机抚摸着后脑,似乎伤处很痛。

于是,竹内刑警和司机一起来到罪犯逃入的那幢建筑。

一楼仓库的百叶窗关着,旁边有楼梯,顺楼梯上到二楼,是两个并排的房门。这里再无其他路可走,人一旦进了门,便犹如老鼠钻进笼子一般。罪犯肯定躲进了其中的一个门内,第一个门的门牌上写着山本正夫。为了慎重起见,竹内刑警在敲门前又问了一次司机:"如果看到罪犯的脸,能一下认准吗?"

"不太有把握,只能肯定他戴着太阳镜,留着胡子,拿着手提包。没想到会在车上遭抢劫,因此没认真观察相貌……"司机口气不太坚定。

竹内敲了敲门。不久,门开了,露出一个年轻男人的面孔。

司机盯着对方的脸看过后说:"下巴没留胡子,不像是这个人。"他不太自信。

竹内刑警拿出警察证件说:"是山本先生吧?今晚你一直待在屋里吗?"

"是啊,几小时前就开始听立体声唱机。"

"可是,一点儿声音也没听见啊。"

"我戴着耳机听的,到底有什么事?"山本诧异地反问道。

"刚才有个抢劫犯逃进这座楼房,我们正在找他。"

"那么,你说我是抢劫犯吗?真是愚蠢透顶。"

"没断定就是你。可是为了慎重,请让我们进屋看看。"竹内径直闯入房间。

这是单间房,15平方米大的居室里放着立体声唱机,上面接着耳机。竹内刑警戴上耳机听了听,耳机里响着交响曲。

"啊,是这个手提包。"司机在房间角上一眼就看到手提包,他立刻打开一看，里面装着脏毛衣、罐装啤酒、快餐面和文库书籍等等。

"这是昨天朋友忘在这里的，喝一罐吧，"山本说着，取出一罐啤酒，拉开盖子。刚一开，啤酒泡沫立刻喷涌出来，溅到他脸上。

"啊呀……"他不免怪叫一声，慌忙用手帕擦脸。

司机看着他的狼狈样儿笑了起来。可是，他一见立体声唱机上放着太阳镜时，便拿起太阳镜强迫给山本戴上："你戴上看看。"

司机盯着看了一会儿，似乎有些遗憾："我觉得有点儿像，不过，下巴没留胡子，不敢肯定。"

"怀疑人应该有个分寸，我从几个小时前，就在听贝多芬的音乐。"山本气愤地摘下太阳镜说："在这儿怀疑我，不如去调查一下隔壁的男人怎么样。

真是莫名其妙。

"隔壁房间住的什么人？"

"一个叫菊池的穷画家。"

"几分钟前，你听到上楼梯的声音了吗？"

"完全没听见，我戴着耳机。"山本答道。

竹内刑警和司机暂时出了房间，来到隔壁。敲过门后等了一会儿，门才打开。一个穿着睡衣的男人睡眼惺忪，揉着眼睛出来了。

"哎呀！他也没留胡子，真是怪事。"司机看清对方相貌后非常失望。

"到底有什么事？深更半夜的……"菊池没好气地说。

竹内刑警给他看过警察证件后，问道："你什么时候睡觉的？"

"现在几点钟？"

"午夜一点多。"

"那么大概是四个小时之前，有什么事？"

"寻找抢劫犯，请让我进屋查看一下。"

"别开玩笑，把人从熟睡中叫醒，说是找什么抢劫犯。这是怎么回事？有搜查证吗？"

"那就没办法了，跟我一起去警察署拿吗？"竹内刑警虚张声势。

"那就请便吧。"菊池勉勉强强让两人进了房间。

这里同样是单间，到处摆着画架和画布，连插足之地都没有。司机在床下发现手提包,他打开一看,里面装着画具和几个罐装果汁。

在这里,竹内刑警也打开壁柜进行了检查,里面没藏人。

菊池冷冷看着两人搜查,酸不溜丢地说:"托福,睡意全消失了。"说完,打开罐装果汁喝起来。在厨房桌上的碟子里,放着两片切开的苹果,已削过皮,果核已取出。竹内刑警发现这个苹果没有变色,便问道:"这苹果是什么时候吃的?""睡觉前呀。""那样苹果会变成茶色。实际上,为了伪装逃回家的时间,赶紧削了苹果皮吧?"

"如果怀疑,你可以自己尝尝嘛。"菊池负气地答道。

为了谨慎,竹内刑警切下一刀,尝了尝,是优质苹果。

"刑警先生,现在不是悠闲品尝苹果的时候,罪犯确实跑进这所建筑里来了吗?"司机焦急地问。

"绝对没错,我看得非常清楚,"

"那么这屋和隔壁的男人,哪个是罪犯呢?我完全不清楚。要说某某是罪犯,却没有决定性的证据……"

"不,有确凿证据。"竹内刑警斩钉截铁地说。司机吃了一惊。

"啊,刑警先生已经知道谁是罪犯了?"

"当然知道,罪犯坐你的车时,下巴留的胡子是伪装的。"竹内刑警答道。

那么,抢劫出租汽车的强盗是山本,还是菊池呢?证据是什么?

我是答案

抢劫出租汽车的强盗是菊池。

据菊池本人说,罪犯从他这儿跑过去后,他一直未起身,那么罪犯跑过去时,菊池还在手捧书中一直看。从切了的苹果来判断,菊池吃苹果已削好苹果皮,苹果中的水分与空气接触后便很快起变化,就变为茶色。竹内刑警削了一小片儿苹果尝出果肉是白色,便相信菊池故意撒谎。

为什么地毯上只有一点灰尘

一个星期五,酷爱玫瑰、每个星期五晚上都要到地铁车站那儿卖花的小贩处买13朵粉红色玫瑰的查利,这晚没去买花,小贩担心出事,打电话报告了警署。

警察来到查利租用的房间外,这房间只有一扇窗和一扇门,而且都在里面锁上了。警察小心翼翼地弄开门进入室内,只见查利倒在床上,中弹死去。

初步看来,他像是先锁上了门窗,然后坐在床上向自己开了枪,手枪掉在了地毯上,开门的钥匙在他的背心口袋里。

警长苏曼向名探柯南谈了现场所见。柯南问:"他上星期买的玫瑰花怎么样了?"

警长说:"花瓶放在窗台上,花都枯萎凋谢了。据验尸认定,查利死去已有5天了。"

柯南问:"在地板、窗台或者地毯上有没有发现血迹?"警长说:"没有。只有一点灰尘,没有别的东西。只在床上有血迹。"

柯南说:"你最好派人检查一下地毯上的血迹。我看是有人配了一把查利房间的钥匙,开门进去,打死了正站在窗边的查利,然后清洗了所有的血迹,再把尸体挪到床上,使人看上去像自杀。"

柯南为什么这样说呢?他的根据是什么?

我是答案

13朵玫瑰花放在窗台的花瓶里,既已枯萎凋谢,那么,那枯萎掉下来的花瓣掉落在地毯上应有一层,不可能"只有一点灰尘"。而"没有别的东西",所以柯南肯定为花枯萎是因为凶手擦血迹时一同打扫掉的。

一个值得怀疑的修女

枪响后,小酒店里只有小福卡一个顾客。他刚呷了一口咖啡,就看到三个人从银行里跑出来,穿过马路。这时,响起了枪声。作案者跳上了一辆等在路边的汽车。一个修女和一个司机进了酒店。

"你们俩受惊了吧。"小福卡说,"来,我请客,一人喝一杯咖啡。"

两个人谢了他。修女要了一杯咖啡,司机要了一杯啤酒。

三个人谈起了刚才的枪声和飞过的子弹,偶尔喝一口杯子里的饮料。这时,街上又响起了警笛声。

强盗抓住了,送回银行验证。

小福卡走到前边的大玻璃窗前去看热闹。当他回到柜台边时,那

个修女和司机再次谢谢他,就走了。

酒吧招待已经把杯子收回去了。看到小福卡回来,就说:"对不起,先生,我还以为你也走了呢。"

酒吧招待看了看刚刚收回去的两只杯子,把一只没有沾上唇膏的咖啡杯子递给小福卡。一边说:"你说这儿怎么会来司机?附近又没有汽车。"

小福卡想了一下,叫起来:"噢!这两个家伙是刚才抢银行的强盗的帮手!"说着,他冲出酒吧去抓那两个坏蛋。

请问:什么东西引起了小福卡对那修女的怀疑?

—— 小福卡推理的话 ——

那个修女是假扮的,小福卡看到了,"嗯",在咖啡杯子上留下的唇膏印迹,因为其他杯子是不会擦口红的。

是谁盗走了名画

美术馆的名画《真主的祈祷》被窃了。接到报案电话,侦探亨特驾车飞速赶到了出事现场。《真主的祈祷》的大小约明信片的两倍大,只剩镜框,而镜框上尚有两只苍蝇停留。

这镜框上的苍蝇引起了亨特的注意,于是他一一询问美术馆管理人员关于案发前的情况。

"昨晚将《真主的祈祷》摆好之后,我们五个管理员便在一起喝红茶,喝过红茶大伙就回家了,今早才发现《真主的祈祷》被窃。唉!"管理员甲说。

"昨晚是谁最后离开的?"亨特问。

乙管理员说:"是我和丙先生。"

丙说:"可是,要回去时,丁的东西忘了带走,又回来了。"

丁说:"我发现忘了带走手帕回来拿。"

"手帕?……"亨特把脸转向了丁,那目光好像在问:"丁先生,怎么回事?"

丁说:"因为喝红茶时把杯子打翻了,所以我就用手帕擦拭,放在一旁晾干了,忘了带走。"

到底谁是小偷呢?亨特经过分析,终于查了出来,就是上述四个人中的一个人偷走了这幅名画。

你知道偷画的人是谁吗?

是谁盗走了名画

小偷是丁。一定是他在偷了名画以后,拿出擦拭过红茶的手帕挥动驱蝇,当手帕晾甜时,所以有苍蝇停在镜框上。

卡特的谎言

卡特的游艇开过来时,哈金成正在租来的小船上钓鱼。卡特有气无力地钻进船舱,一屁股跌坐在铺位上,随手摘下软檐帽擦额头上的汗,接过哈金成递过来的一杯水,一饮而尽。然后他抹抹嘴巴,开始讲自己遭到的不幸:"佩斯和我在开往珍珠岛的途中不幸遇上了风暴。狂风将帆、舵以及收音机全部刮去,我们仅能维持小艇的漂浮。在海上漂了五天,迷失了方向。三天前淡水喝完了。佩斯忍受不了炎热的煎熬,开始发狂地喝海水。我为了阻止他,就揍了他一拳。此时刚好一个大浪打来,他站立不稳,一头撞在右舷栏杆上死了!这都怪我啊!"

哈金成跳上卡特凌乱不堪的游艇,在小小的船舱里,发现了佩斯的尸体,仔细地察看了佩斯下巴和头骨上的伤痕。

然后他跳回自己船上,神色严峻地对卡特说:"到了警察局你还得编一个更好的故事!"

哈金成是怎样识破卡特的谎言的?

 我是答案

卡特的谎言

卡特声称他和佩斯在海上漂流了3天,他是为了阻止佩斯抢夺淡水而开枪将他杀死。但是内务委托断为3天,卡特体内一定还严重缺水,哪里还有力气啊!

林肯的辩护

美国总统林肯曾是个杰出的律师。使他取得全国声誉的是阿姆斯特朗案件。

一天,林肯在报上看见一则消息说,有个叫阿姆斯特朗的青年被指控犯谋财害命罪。阿姆斯特朗是林肯一个已去世的好朋友的儿子,他知道这个青年性格善良,绝不会干杀人的事,就以被告律师的资格,到法院查阅了全部有关案卷,进行仔细研究,直到心中有数,才要求法庭复审。

复审开始了。全案的关键在于原告方面的证人福尔逊。因为福尔逊发誓说,10月18日晚,他在月光下清楚地目击阿姆斯特朗开枪击毙了被害者。

林肯质问福尔逊:"你在草堆后面,阿姆斯特朗在大树后面,两者相距二三十米,你能认清楚吗?"

福尔逊回答:"看得很清楚,因为月光很亮。"

林肯问:"你肯定不是从衣着方面认清的吗?"

福尔逊回答:"不是的,我肯定认清了他的脸,因为月光正照在他脸上。"

林肯又问:"你能肯定时间是在晚上11点吗?"

福尔逊一口咬定:"是的,因为我回屋看了钟表,那时正是11点一刻。"

"你担保你说的全是事实吗?"

"我可以发誓我说的全是事实。"

"谢谢你，我没有其他问题了。"

林肯这时向整个法庭环视了一遍，郑重地宣布道："全体女士和先生，亲爱的陪审官先生们，我不能不告诉你们，这个证人是个彻头彻尾的骗子！"

整个法庭一阵骚乱，大家纷纷向他投去疑问的目光。

原告跳了起来："你有什么根据来证明我的证人是骗子？"

林肯神采奕奕，侃侃而谈。听了他的理由，整个法庭轰动起来。证人在众人的议论声中承认了自己是被人收买来陷害被告的。阿姆斯特朗立即被宣告无罪。

你知道林肯是怎么辩护的吗？

林肯的辩护

林肯指出："你րָ把人赌光赌净，吃一口咽在10月18日晚上11点在月光下认清了被告的脸。被告在谋杀，10月18日那天月亮尚未上升，月11点时月亮已经下山了，哪里还有月光？退一步说，也许他时间记得不十分准确，他老说，时间稍有提前，那时确实有月光，大树在那时月亮应该在东方，光线应从东射来，可死者伤痕却是在右眼。如果按你的证据对照事实，那上帝也不可能有月光的，这乃是一个三十三米外能看清楚被告的脸呢？"

嘉莉小姐为什么要报案呢

罗丹图书馆的管理员嘉莉小姐是个很细心的姑娘。这一天,有个老妇人来归还一本叫做《曼纽拉获得什么》的书,嘉莉小姐翻了翻,发现缺了第41页、42页这一张。

那妇人解释说:"我借的时候就是缺页的,但事先并不知道。"

嘉莉小姐面带笑容地说:"可这书是在您还给我的时候发现缺页的呀,按规定应该由您负责赔偿。"

老妇人按规定付了款。

嘉莉小姐目送老妇人走后,又拿起那本书,随便地翻动着。忽然,她发现在第43页上有几处细小的划痕,好像是用雕刻刀之类的利器划出来的。她开始仔细阅读那一页书,并用铅笔在划痕上描画,线条终于清晰地显现出来。

等到全部画完,她发现这些划痕并不都是在文字的

周围，有的划在字的四周。有的划在空白处，有的则完全划在空白的地方。她忽然明白了，她是在无关的一页上白费劲，真正的秘密隐藏在那张缺页上，43页上的所有刻痕不过是从前一页上透过来的印痕而已。

她又找到了另一本《曼纽拉获得什么》，小心地把第41页、42页的这张书页剪下来，夹在原来那本书的第40页后面，上下对齐后，在两张书页之间夹进一张复写纸，然后用铅笔小心地在第43页已有的线条上重描了一次。描完后，抽出那张书页，兴奋地注视着那些四周划上了线条的文字："医治带候很坏宝贝去的元她健康你五十复音万"。

她不免有些失望，这是一堆互不联贯的文字。这难道只是某个人出于无聊而随便划上去的记号吗？

她又仔细地研究起书的第41页来。终于发现这些划痕正好每次都把单字的四周框住，这其实是谁用小刀把41页上的一些字剜了下来，因而在43页上留下了痕迹。她猛然醒悟："呀，既然这些字是一个个地剜下来的，当然可以随意排列了。如果改变一下这些字的顺序，其结果又将是怎样呢？"

她变换了几次顺序，最后组成了一句她认为最有意义的句子。她读了两遍句子，觉得这里面可能牵扯到一起绑架案，就报了警。

根据这一线索，警察成功地破获了一起绑架案。原来，那强盗怕笔迹败露，所以从书上剪下一个个的字，然后拼成一句话，寄给被他劫持的"宝贝"的亲属，让他们出钱去赎。

你知道嘉莉小姐拼出了一句什么话，她为什么要报案吗？

我是答案

嘉莉小姐拼出的那句："你的宝贝，她健康很坏，带五十（或十五）万去医治。"她复复复读："五十万去"，几个字，她猜到这准可能同一起绑架案有关。

头发的证据

早晨,有人在王艳的家里发现了她的尸体。刑警检查现场,推断她死亡的时间是在昨晚9点至10点之间。因为脖子上有明显被勒过的痕迹,所以,显然是被人害死的。

刑警发现她的右手攥得紧紧的,手心里有几根烫过的头发。初步断定,这是王艳遇害时,拼命反抗从凶手头上拽下来的。

"在王艳认识的人中,有没有烫发的人?"刑警问王艳的邻居。

"要说烫发的人,只有对门的郭菲菲,她几天前曾和王艳吵过架。"

刑警直接找到了郭菲菲,问郭菲菲:"昨晚9点至10点,你在哪里?"

"在家里看电视。"郭菲菲回答。

"有证明人吗?"

"我当时自己在家,没人能证明。"

"你的头发什么时候烫的?"

"昨天中午。"

"我能取几根样品吗?"

她从头上拔下了几根头发,交给了刑警。经过化验,结论是:完全是同一人的头发。郭菲菲有重大杀人嫌疑!

但,不管刑警怎么问,郭菲菲对杀人一事都矢口否认。最先进的测谎仪也表明她没有说谎。

刑警无奈,只好请来了神探李明。

李明取出了随身携带的放大镜，仔细观察：头发弯弯曲曲，发梢从侧面看一端呈圆形，另一端断面齐整。

李明马上对大家说："对，郭菲菲的确没有杀人，但有人想陷害她。"

"啊？"大家目瞪口呆，有些不相信。

李明接着说："王艳的死说明背后有一个重大阴谋，凶手不仅想杀人灭口，掩盖自己的贪污罪行，而且想嫁祸于郭菲菲，转移我们的视线。现在破案就要从这里入手，希望郭菲菲同志很好地配合我们。"

不久案件告破，事实正如李明所说的一样。

请问：李明说这番话的依据何在呢？

头发的证据

郭菲菲是头发中长的披肩发，发梢圆圆的较粗，香水的，而被害人王艳是长头发扎的马尾辫，手中的头发却是圆圆的，说明不是郭菲菲的头发。又没有理发，另外，郭菲菲没有杀人动机，说明不是她杀死王艳的，而是凶手将王艳杀死，又把郭菲菲的头发放在王艳的手中，以达到陷害郭菲菲的目的。

箩筛到底属于谁

有一天,安史明在一个县城赶场。散场了,发现场口处还有一堆人围在那里,人丛中有两个人拉住一个箩筛在争吵,他便凑上去瞧热闹。

一个穿着很阔气的酒糟鼻男子,指着箩筛对一个穿着青布衫裤的中年妇女说:"吴妈,你莫扯远了!这个箩筛,我已经买了好多天了。筛面粉都不晓得筛了多少回了,是你的?"说着,又要去抢箩筛。

那位妇人用手紧紧地拉住箩筛的一端不放,说:"区大爷,说话要凭良心,这个箩筛是我乡下兄弟给我编来筛碎米用的,我用了两个多月了,端阳节前我拿点碎糯米去晒,才丢了的。你不信,喊我兄弟来问嘛!"

酒糟鼻说:"我管你兄弟不兄弟,反正这箩筛是我区大爷的。你看清楚,这上面粘这一层灰面,都是三筛三磨的精白面,你家拿得出一两一钱?"那个妇人仍然死死地抓住这箩筛不放。

安史明在旁边听明了原委,就分开众人,走进人丛中,对双方的人说:"这件事情,如果大家愿意,让我来办一办!"大家都听说过安史明的本事,也想看看他怎样解决这个难题。

安史明问酒糟鼻："这个箩筛是你的吗？"

区老板理直气壮地说："这箩筛我区大爷买来之后天天筛面，从来没有离过店中人的手，怎么会是别人的呢？"

"你天天筛面，从来不筛别的东西？"

"只筛精白面。"

安史明说："俗话说得好，人各有志，物各有主。这箩筛到底是哪个的，只有它才知道。今天，我们就来审审箩筛！"

只见安史明叫人拿了一块布垫在地上，又找来一根擀面棒拿在手中，将箩筛扣在布上"乓乓乓"就是几下，口中还念念有词边打边问："小小箩筛竟然混淆视听，蒙蔽主人，搞得区老板和吴妈为你伤了和气，险动干戈，你知罪不知罪？"说着，"乓乓乓"又是几下，指着箩筛继续审道："今天不向安大爷说出真正主人，安大爷就要办你！"这时，安史明煞有介事地移动箩筛，盯着地上的布转了两圈，又对箩筛说："愿招？愿招免受皮肉之苦，从实招来！"说完，安史明这才把箩筛提起来贴在耳边，细细地听了一阵，说："箩筛恋主，已经从实招了，它是属于吴妈的。吴妈，你就领它回家去吧！"

箩筛怎么会招认谁是真正的主人呢？安史明到底是怎么断的案呢？

箩筛招认真主人

安史明审箩筛，实际上就是想打草惊蛇。这箩筛经过木棒敲打，不仅箩筛里的面粉散落在布上，还有一些箩筛里的面粉也落在布上。这位区老板既不承认，他发誓说不是他的，那区老板属于伪证——这箩筛到底是谁的，不是很清楚了吗？

117号房间的一桩凶杀案

比尔探长和罗丹图书馆的嘉莉小姐正在"皇冠"饭店的酒吧间喝咖啡。

忽然,身穿黑礼服的饭店夜班经理冲到他俩面前,大叫道:"比尔探长,您在这儿太好了,117号房间出了一桩凶杀案。死者是普芙太太。她是昨天夜里来登记住宿的。"

在117号房间,比尔探长和嘉莉小姐看到,一个身穿灰色套装的年轻女子四肢摊开,躺在床上,她满头红发,在靠近头发根部有一个弹孔,血浆已经凝固。这女子已经死去多时了。

嘉莉小姐也仔细打量起房间来。只见一个墙角边放置着几只看上去价格昂贵的粉红色手提箱,每只上面都烫印着金色字母"BdeP"。壁橱的门敞开着,里面挂满了值钱的华丽衣服:一套玫瑰红雪纺绸睡衣,一件猩红色羊毛外套,一套大红色礼服,一件带帽子的橙色雨衣,一件配有米色飘带的粉红色外衣。

嘉莉小姐转身问经理:"昨天晚上,普芙太太来登记住宿时,您见到她了吗?"

经理说:"是的,昨天夜里正下着大雨,她穿的是这件连帽子雨衣,把脸遮住了一半。这些正是她带的行李。对了,梳妆台上的钱包也是她的。"比尔翻了翻钱包,抽出一沓名片,上面都印着"BdeP"几个字母,可钱包里却没有钱。嘉莉小姐对探长说:"比尔,我总觉得行李和壁橱里的衣服都不是床上那个女人的。被害人肯定不是普芙太太。"

"为什么?"比尔微笑着问,他心里也有了底,不过他想考考面前这位图书管理员。

嘉莉小姐说出了自己的理由。比尔听了赞许地说:"你分析的和我所想的完全一样。"

几天以后,比尔在另一个饭店抓获了普芙太太。原来,她是凶手。被害的姑娘一直受她操纵。为了灭口,她设下圈套把那姑娘杀死,又故意丢下全部行李,企图让警方误认为死者便是普芙太太。

你知道嘉莉小姐看出了什么破绽,她是怎么分析的吗?

我是答案

117号房间的一桩凶杀案

嘉莉小姐注意到死者的脸颊有上下颜色红白不一的不同状况;这位老妇人的长长深灰头发,而普芙太太的头发是红色的;没有哪个女人会把她的靴子放在上下颠倒一只红色一只黑色的。这说明了死者的脸很可能是化装过的,死者绝不会是普芙太太。

抢劫犯就是汤德

每星期五中午,理发师鲁博都要将一周的营业款送到银行。这次,他因为星期五要去访友,就决定提前一天。此事他只告诉了妻子。而当他去银行途经小巷时,被人打昏,抢去了钱。醒来后,他向著名的侦探亨特求助。

"当你告诉妻子的时候,有其他人听见吗?"名探亨特问。

"当时有3个女顾客在做头发,是生客。我连话都没跟她们搭。妻子照应两个人,另一个由我表弟汤德照应。噢,我想起来了，当我告诉妻子我准备去银行时，3个女顾客都在烘干罩下望着我。"

"汤德在干什么？"

"他在一旁干活。好像当时也盯着我。但我想肯定不会是他。因为他的耳朵在越战中被震聋了，根本就听不见声音。"

亨特却十分肯定地说："假如你说的都是实话，那我可以肯定地告诉你，抢劫犯就是你表弟。"

亨特凭什么下这样的结论呢？

我是答案

抢劫犯就是汤德

亨特知道表弟干的3个女顾客是无法听到别人讲的话的，因为干罩下罩着又发出巨大的响声。汤德耳朵是聋子，但他能把嘴口读到妻子说话的内容，而且他能看到表弟的异样脸色。所以，抢劫犯就是汤德。

奇案的真正凶手

一个名叫土井正晴的画家，被绑在自己画室的椅子上，被手枪打死，似乎被奇特的手段所杀。

片山刑警在现场看到，被害者坐在这把椅子上，脚上绑着绳子，两手用在市场上买的玩具手铐反铐在椅背上，嘴巴也被勒上，没有蒙着眼睛。手枪固定在正对着他的椅子上，是自制手枪。两张椅子之间相隔约四米，手枪的扳机上，系着长绳，那根长绳从天花板上的枝形灯上穿过，垂到地上的桶中。

在绳的前端，还系着一个青铜制的重物，沉在桶里的水中。

现场验证表明，桶里曾放进一个大冰柱，冰柱上放着细绳系着的青铜像。

片山推测，随着冰柱的融化，沉重的青铜像会往下坠，绳子渐渐拉紧，靠下坠的拉力，扣动扳机，发射子弹。被害者没有被注射过安眠药或麻醉剂，枪击中心脏，当即死亡。

经调查，发现尸体的是被害者的妻子，一位年轻的模特，土井正晴是再婚。

他妻子承认，手枪发射时，她在汽车旅馆与情人幽会，回到家才发现丈夫的尸体。不能排除她可能与人私通的事败露了，下手杀了丈夫。

片山让人给他自己紧紧戴上手铐铐在椅背上，他想尽办法想把手从椅背挣脱，但毫无作用。他上身向后一拧，身体一晃，"扑通"一声，连人带椅倒下。

片山突然高兴地喊:"我已经解开了这个案件的谜!"
这件奇案的真正凶手是谁?证据是什么呢?

我是答案

奇案的真正凶手

他再接着坐在椅子上,晚米紧眼,又装被敌物撞醒,所以,只要有他躲藏一刻就在了佛像倒下,于是就不会打中他。然而,一直把枪对准时,他根正对其枪口,着有意目击,手持枪也可以自己击上。王开正睡着的秦政使奏,便北机的兼于毫无察化证据,因此不能用如水持枪的方式。

法官智断金币案

从前,西班牙有个穷苦的樵夫到山上去打柴,准备用打来的柴去换钱买面包给他的几个孩子充饥。在路上,他捡到了一只口袋,里面有100个金币。

樵夫一边高兴地数着钱,一边盘算,展现在自己面前的将是富裕、幸福的情景。但接着他又想到那钱袋是有主人的,他对自己的想法感到羞愧。于是他把钱袋藏了起来,到山里去劳动了。直到晚上柴也没卖掉,樵夫和他的家人只好挨饿。

第二天早上,按照那时风行的做法,钱袋失主的名字在大街上传了开来,把钱袋交还给他的人将能得到20个金币的赏金。

失主是一个佛罗伦萨的商人,好心的樵夫来到他面前:"这是你的钱袋。"但是这个商人为了赖掉许诺的酬金,仔细地查看了钱袋,数了数金币,假装生气地说:"我的好人,这钱袋是我的,但钱已缺少了,我的钱袋里有130个金币,但现在只有100个了,毫无疑问,那30个,是你偷去了。我要去控告,要求惩罚你这个小偷。"

"上帝是公正的,"樵夫说,"他知道我说的是实话。"

两人就被带到当地的一个法官那儿。法官对樵夫说:"请你把事情的经过如实地向我简述一下。"

"老爷,我在去山上的路上拾到了这个钱袋,里面只有100个金币。"

"你难道没有想到过有了这些钱,你可以生活得很幸福吗?"

"我家里有妻子和六个孩子,他们等着我把柴带回家换钱买面包。老爷,您原谅我吧!在这种情况下,我是想过要用这些金子的,但后来我就考虑到钱是有主人的,他比我更有权用这笔钱。于是,我把这钱藏起来了,我没有回家,而是径直去山上劳动了。"

"你把拾到钱的事告诉你妻子了吗?"
"我怕她贪心，所以没告诉她。"
"口袋里的东西，你肯定一点都没拿吗?"
"老爷，我妻子，我可怜的孩子连晚饭都没吃哩，因为柴没能卖掉。"
"你有什么说的?"法官问商人。
"老爷，这人说的全是捏造的。我钱袋里原先有130个金币，只有他会拿走那缺少的30个金币。"

至此，法官已经明白了事情的真相，他巧妙地做出了裁决："商人，你享有这么高的地位和信誉，根本就不容我们怀疑会行骗。很明显，这个樵夫拾到的这只装着100块金币的钱袋不是你的那只有130块金币的钱袋。"

"拿着这只钱袋吧，好心的人。"法官对樵夫说，"你把它带回家里去，等它的主人来取吧!"

法官的根据是什么呢?

 我是答案

法官是根据钱数来判定的。

这其实很简单，可怜的樵夫，捡的是别人丢失的，根本无法私藏他说的事，更何况他既然敢交还一小部分金币，也完全能瞒下所有的钱。他没有这样做，显然是一个老实的人。在了解了事情的真相后，法官巧妙地揭穿了一下这个奸诈的人，让他哑巴吃黄连，有苦难言。

一个空玻璃杯子提供的线索

九月中旬的一天中午，有人发现记者青木死在了他的寓所里。死者倒在卧室的沙发上，头部被击，当场死亡。现场没有发现凶器，一定是凶手拿走了。屋内开着电灯，写字台的抽屉被翻过。因为受害人是一人独居，所以不清楚有什么东西被盗。桌子上放着一个空玻璃杯子，杯子虽是空的，但似乎有人喝过威士忌，从杯子内检验出有酒精成分。另外，杯子外侧有受害人的清晰的指纹和唾液。

警方侦察中了解到，被害人是个敲竹杠的，他一旦窥见艺术界人士的丑闻，就以在周刊上发表相威胁而索要现金。据此，发现了两个犯罪嫌疑人：一个是电视播音员西泽，另一个是摇滚歌手北原。青木被害的当晚，两人先后到青木的寓所去过，是去送现金，以索回青木掌握的丑闻照片。两人没有见面。据北原说，青木用加冰威士忌酒招待他。西泽说，因他正在戒酒，青木自己从厨房拿出一瓶威士忌和一个杯子，在纯酒里加了威士忌，一个人喝了起来。

从现场只有一个杯子，杯子上只有被害者的指纹和唾液来看，被害者是死在接待北原之后。但两个人是谁先进入青木寓所的呢？两人却都说在9时左右。

警长荻村望着在现场发现的空酒杯，想着两个涉嫌者的证词：

"加冰威士忌酒"和"在纯酒里加了威士忌",他突然明白了,这么热的天气里,喝加冰威士忌,那杯子会怎样呢?

警长荻村终于果断地指出了北原就是凶手!

你知道他是怎么推理的吗?

 我是答案

一个逻辑推理上的破绽救了他

这样一来,如果罐头和肉放在桌子上再放在阳光下就化了,罐头是凉的,就不合情况,它所在桌子的那边应该是有水珠也是潮湿的,所以在阳光下的话罐头的样子就不对了,而因为北原在案发以后几乎马上就签了字,没有时间重新擦抹放回冷藏室,以及随便大家相同的合理上它没被感觉,所以,可以确定老北原在撒谎,他就是凶手!

谁是枪杀P先生的罪犯

星期天下午，P先生被人杀了。警长来到P先生的邻居M先生家里调查。

M先生告诉警长发生凶杀的时间时说："我和我的女儿很清楚，我们听到三声枪响的时间正好是17点06分。我们立刻向窗外看去，看到一个男人溜掉了，他只是一个人。"

警长检查了现场，他发现了一封由P先生亲手签名的信，上面说，有三个男人曾想谋害他。

这三名嫌疑者是：A先生和C先生是足球教练，而B先生是橄榄球教练。

这三名教练的球队，星期天下午都参加了15点整开始的球赛。A教练的球队是在离死者住所10分钟路程的体育场上争夺"法兰西杯"；B教练的球队是在离P先生家60分钟路程的球场上进行友谊赛；而C教练的球队是在离凶杀地点20分钟路程的体育场上参加冠军争夺赛。据了解，这三位教练在裁判吹响结束比赛的哨声之前，都在赛场上指挥球队，而且当天天气很好，比赛皆未中断过。

警长踱着方步，突然转身对助手说："给我把三位教练都请来。"

"诸位教头，贵队战果如何？"A教练答："我的球队与绿队踢成了平局。3比3。"B教练接道："唉，打输了，9比15负于黑队。"C教练满面喜色，激动地说："我的队员以7比2的辉煌战绩打败了强手蓝队，夺得了冠军！"

警长听后，朝其中的一位教练冷冷一笑："请留下来我们再聊聊好吗？"

这被扣留在警署的教练，正是枪杀P先生的罪犯。你知道他是谁吗？为什么？

谁是枪杀P先生的凶手？

只有C教练才有可能是枪杀P先生。

A教练的以3比3和B教练的9比15，与他们与绿队和黑队踢成3：3平局时，足球赛正是K30分钟时间，差其加上10分钟的暂停时间，就是不加上中间休息时间。他也不可能在17：10枪到达P先生家。

一场橄榄球赛重要80分钟时间，足以有每休中间休息时间，其加上60分钟的暂停时间，排之，20之就是不可能到达P先生家的。

但是篮球赛每场是90分钟，即便加上中间休息15分钟和暂停20分钟，C教练也完全有可能在枪杀之前到的17：05，即在枪响之刻1分钟，到达P先生家的。

哈里不是死于梦游症的事故

哈里在大英博物馆工作,与同事兰斯同住在艾得尔街九号公寓的四楼。

三天前的夜晚,他从那所公寓的紧急阶梯摔下死了。警察仅仅作为事故处理,大侦探福尔摩斯总觉得不正常,想将事件的真相调查清楚。

经过调查同屋的兰斯得知,哈里患有火灾恐惧症。那天夜晚,他好像做梦失火了。半夜一点左右,他突然跳起,叫喊道:"失火了!失火了!"从房间里跑出来,穿过走廊,想从紧急阶梯下楼时摔了下来。

死者的姐姐介绍说,她弟弟是近视眼,平时必须戴眼镜。以前他也曾做梦起火,迷迷糊糊起来,尤其是孩童时期常常这样,即使睡得熟,一闻到暖炉的烟味,就反射般跳起来。不过,他只是从床上起来感到害怕,一旦知道在做梦,就会马上安心地睡去。像这次跑出房间,穿过走廊,想从紧急阶梯逃走,过于反常,一定有什么原因。她还补充说,与她弟弟同屋的兰斯是个非常精明的青年,他是弟弟的情敌。她怀疑兰斯为了消灭情敌,把她弟弟从紧急阶梯上推了下来。

福尔摩斯在现场发现,哈里住的公寓在一条小巷里,是幢四层楼的旧建筑。紧急阶梯设在外面。三楼的木头扶手已损坏,哈里大概就是从那里摔下去的。

公寓管理人员过来,讲述了当时的情景:"哈里倒在这里,颈骨折断,当即死亡。他摔在雨水里。当时大雨倾盆,睡衣上沾满了泥。一边的眼镜片也摔破了,散落在泥水中。"

福尔摩斯检查完兰斯的物品,没发现什么可疑的东西。

经询问，住在对面房间的大学生，看见了哈里的背影，哈里一边高叫失火了，一边狂奔。那个学生通宵学习，听见哈里的叫喊大吃一惊，赶快跑到走廊里看。他证实，兰斯穿着睡衣从自己的房间里出来，好像没完全清醒。他随后和学生一起追了过去，但为时已晚，哈里在紧急阶梯上一失足，摔了下来。

看来似乎可以否定他杀的可能。

福尔摩斯整理桌子抽屉时，发现了手帕包着的眼镜，有一只镜片已摔碎，他拿起眼镜，对着窗户的光亮看了看，镜片擦拭得非常干净。

福尔摩斯想了想，熟练地将另一块镜片取下，把眼镜的圆框放到水里。

奇怪的事发生了，水变得有些红。大概这正是福尔摩斯所预料的，他露出得意的微笑。

"谜解开了。哈里不是死于梦游症的事故，而是死于谋杀。罪犯就是兰斯。他虽然没有直接把哈里从紧急阶梯上推下，但他巧妙地利用了他的火灾恐惧症，把哈里害死了！"

请你想想，使水变红的东西是什么呢？兰斯使的什么诡计呢？

我是答案

哈里不是死于梦游症的事故

水变得有些红是因为有红墨水渗出。那天晚上兰斯把哈里的眼镜镜片上涂了一层红墨水。接着，他在兰斯的耳朵上喊道："失火了，你醒来！"醒来的哈里戴上红色的眼镜，惊慌失措地跑出房间，却从紧急阶梯上摔下。哈里眼睛不好，一失足从阶梯上摔了下来。

兰斯将眼镜上的红墨水擦去，因为镜片上的红墨水是新涂上的，所以他把眼镜擦拭干净。但是，镜片内的红墨水因渗入镜框而没被擦掉。当水，把镜片浸泡在水中，镜框中渗出的红墨水使水变红了。

费库被杀的情景

南可博士和警长莫森沿着一条小路缓慢地走着。这条小路从詹姆斯·福特新刷过油漆的后门廊和后院的工具屋之间穿过。

"在这条小路的任何地方,"警长说,"福特都可以看见费库被杀的情景。

他是我们唯一可能的证人,但他却说什么也没看见。"

"那他对此又做何解释?"南可指着沿路洒成一条白线的白色油漆痕迹问道。

"当时福特刚刚漆完门廊,正拿着油漆罐往工具房走,枪击事件发生了。"警长解释道,"福特声称,他一直走到工具房才发现油漆

洒了一路。"

南可于是更加仔细地察看油漆滴在地上的痕迹。从门廊到小路中间，滴在路面的油漆呈圆点状，每隔两步一滴；从路中间到工具房，滴下的油漆则呈椭圆点状，间隔为五步一滴。进到工具房里，南可发现门背后挂着一把大锁头。

"无疑，他怕说出真相后会遭到凶手的报复。"南可说，"但他肯定看到了这里所发生的一切。"

南可是怎样知道的？

我是答案

撒谎的园丁清洁工

地上的油漆滴点告诉南可，推车走到路中间时，看到了凶杀情景，于是他跑进工具房并将自己反锁在里面。工具房内并没有撒在工具房的油漆滴变成椭圆形，并且间隔较大锁明。

一个中年人的证词

在一个大雪纷飞的冬夜,居住在高级宾馆306号房间的独身女人被杀,行凶的时间为晚上9点左右。

当警察赶到现场时,发现室内的煤气炉还烧着,屋里热得令人冒汗,炉上的水壶已烧干,窗帘放了一半,壁灯发出微弱的光。

居住在对面20米处楼房的一个中年人向警察报告:昨晚9点左右,他看见那个房间有个黄发、戴着一副黑框眼镜、留着较长胡子的男人。中年人的房间与被害者的房间遥遥相对。

按中年人提供的线索,警方逮捕了一个与他描述的一模一样的人。可是这个人声称他是无辜的,并请了大侦探波洛为他辩护。于是,波洛在法庭上询问目击者:"你有每夜偷看被害者房间的习惯吗?"

"没有。"那报案的中年人回答道。

"这么说,那天晚上你是偶然看到有人在被害者屋里了?"

"是的,因为窗帘只放了一半,所以我才看到了这一切。"

听到这里,波洛反驳说:"在法庭上说谎是新的犯罪。现在已经很清楚了,你是真正的凶手,在杀人抢走东西后,故意拉开窗帘逃跑,然后伴称在自己房间里看到了凶手,把罪过栽给别人!"

对方一听,吓得脸色煞白,终于承认了杀人的罪行。

你知道波洛是根据什么说这个中年人是罪犯的吗?

 我是答案

一个中年人的证词

中年人撒的是谎,因为天正下着鹅毛大雪,窗户上肯定蒙有水汽,在20米外是根本不能看清屋里的人的,即使能看到,也只是轮廓,而绝看不出什么头发、眼睛胡须等。所以说,他的证词是虚假的,只有非法作伪证,抛弃凶器才有可能作如此陈述。

究竟谁在说谎

一辆绿色小轿车里躺着女乐手安娜，车子就停在她的住宅门口。她在晚上8点遇害，离8点30分在市音乐厅上演的交响音乐会仅差半小时。她身中两弹：第一颗子弹从右大腿穿过，在黑色的紧身裙上留下了一大块血迹；第二颗子弹是致命伤，贯穿胸部，雪白的衬衣上血迹斑斑。车内还有她的一把大提琴。

警方分别取得了三个人的证词。

发现尸体的房东太太说，安娜打算出席音乐会，但不参加演奏，因为她与桑德斯——乐队里一个狂热追求她的人闹翻了。为此她一个星

期没有练琴,那把琴一直搁在车上没动过。

桑德斯坚持说他与安娜已和好如初,安娜答应参加演出,并且约定像以往那样在8点10分驾车来接他一起去音乐厅,但他空等了一场。

乐队指挥拉兹罗说,乐队的女乐手演出时穿的是拖地的黑裙子和白衬衣,男乐手穿的是白西装和黑西裤。他又补充说明安娜可在不排练的情况下出色地演奏,因为音乐会的曲目已反复上演过多次。

看完三份证词后,亨特侦探立即判断出桑德斯在撒谎。

亨特凭什么认定桑德斯在撒谎呢?

答案在这里

亨特所充满并不像桑德斯所说的那样打算参加演出。因为一个不擅琴艺术可能把自己的琴搁在车里面暴露(在阳光接收没暴晒),也因为女乐手演出时穿的,是拖地的黑裙子和白衬衣。

遭伏击的运款车

名探保尔尼驾车穿越内华达州的沙漠地区。在距导弹基地10英里处，发现一辆军用卡车撞在路边的大树上。他停车准备上前察看，只见一辆吉普车从路那边飞驰而来，在卡车前停住。车上跳下全副武装的士兵和军官各两名。其中一名中士向卡车跑去。

"他们全被打死了，少校！"他喊道。

"我是警察。"保尔尼见状疾步上前。他打开卡车门，只见司机已死，他身边的士兵也奄奄一息。保尔尼回头一看，走过来的少校领章上缀有十字，便请他去看那重伤的士兵是否还有救。

另一位上尉军官走过来对保尔尼说："这是给基地官兵送薪饷的车，看样子是遭到了伏击。"

"中士，"上尉命令道，"把卡车上的钱全搬上吉普车！"当钱箱搬上吉普车后，上尉对少校说："您先留下照料伤员，我们将尽快带人赶回来援救。"上尉说完，和两个中士跳上吉普车急驰而去。

"为什么不用我的车子先把伤员送往基地救护，再跟我去警察局呢？"保尔尼说着，抢先拔出手枪对准了少校军医。

保尔尼为什么会先发制人？

我是答案

露伪的运款车

保尔尼意识到那少校军医随即会向他开枪，并用他的车子转移，因为他们以上臆冒充运款车的人的身份。
如果是真正的医生，老医生搁带医药箱而不是手抢回来；而且上尉在走往的同时，也应该伤员首先受影救。

是谁谋杀了时装设计师

一天早晨,正当环绕地球旅行的一艘日本豪华客轮行至太平洋时,有人在船尾的甲板上发现了一具女尸。死者是一位名叫田中顺子的非常有钱的时装设计师。她被凶手用匕首刺中胸部身亡。

因为案发于浩瀚的太平洋上,所以凶手肯定还在船上。

随船的乘警经过认真调查,排除了其他人的作案可能,最后确定出了两名嫌疑犯。

一个是田中一郎,他是顺子的外甥,是其财产继承人。因赌博而债台高筑,正苦于无力偿还。

另一个是山本和彦,他是被害人的私人秘书,在航海旅行过程中,因贪污行为败露而被解雇。

根据上述情况,请判断谁是凶手?并说出推断的理由。

 我是答案

是谁谋杀了时装设计师

凶手是顺子的外甥田中一郎。

凶手若是秘书山本的话,老板娘既然死了,只要他们还在茫茫的海洋上,就不怕有泄密的危险。所以他可以慢慢地等待时机。而田中一郎不同,他必须在上岸以前把姨妈谋杀掉,因为他一旦被捕,他的财产继承权自然就会落到国家手里(按照日本的法律)。也就是说,若不在海上先下毒手,田中一郎就不能继承遗产。所以,因继承遗产而谋杀田中顺子的日子迫在眉睫,凶手就应当由田中一郎下手,如果山本和彦是凶手,就会留有案发以后的许多时间,没必要下此毒手。

铜钱的真正主人

有一天,某旅馆来了个盲人要住店。当时正值黄昏,店中已客满。盲人苦苦哀求道:"行行好吧,这么晚了,我一个盲人还能上哪儿找住宿的地方呢?"

店小二见他孤苦伶仃,十分可怜,便动了恻隐之心。专门收拾好一间侧厢让他住下,盲人感激不尽。

入夜,旅馆门被敲开,进来一个小贩,身背鼓鼓的货物,气喘吁吁地想住店。店小二见夜已将深,小贩一时难找容身之处,便道:"店已住满,你如能将就的话,就委屈你住在侧厢吧。"

小贩面有难色地答:"我身上带有不少钱,最好住包房。"

店小二笑道:"不妨事的,与你同房的是个盲人,不会是强盗,你怕什么?"

小贩放下心来,随同店小二进侧厢住下。

盲人见来了个伙伴,很高兴,两人聊了好一会,居然很投机。直到小贩困了才罢休。

第二天清晨,小贩打点行李,急于赶路。一检查,大惊失色,叫道:"不好,我的5 000文钱被偷了!"

众人便把疑点集中到盲人身上。盲人不慌不忙道:"呀,你怎么这样不小心啊?带这么多钱丢了真可惜。我就不像你,你瞧,我也带了5 000文钱,可是捆在腰里的。这世道谨慎为妙啊!"

盲人正巧也带5 000文钱,众人皆感诧异。小贩急红了眼,这钱是他辛辛苦苦攒的。他认定盲人的钱是偷了他的。盲人不承认,相反说

小贩想赖他的钱。

众人一时难辨真伪，便将他俩送到官府。陈公审理此案。

陈公问小贩："你说他偷了你的钱，那么你的钱有没有识别的记号。"

小贩急道："这是日常使用的东西，哪里会做什么记号？"

陈公又问盲人。

盲人回答说："有记号，我的钱是字对字、背对背穿成的。"

陈公接过检查，正是这样：小贩急得直跺脚，可又无可奈何。而盲人却面露喜色。

陈公仔细地观察他两的神态，灵机一动，想出了一个好办法，终于查清了铜钱的真正主人。

你知道他是怎么做的吗？

我是答案

铜钱的真正主人

叫盲人伸出手来接着，其人把小贩新穿之后的铜钱，在一盆清水里上下摇晃着放入手中。我对说，盲人若是害螨的工人用手摸索其他钱币不会弄污水，若正相反则，其人也不认识字，只借之非。

老人的遗书是伪造的

一个孤身老人死在杂木林深处的一幢别墅里。一天后才被发现，死因是服用了过量安眠药。因为留下了一份字迹潦草的遗书，被认定为自杀。发现尸体的是死者亲戚，一个多年未曾登过门而突然来访的男子。室内有很多鸟笼，小鸟并不知道主人死去，都在鸟笼里欢快地叫着。"这位老人三年前当了爱鸟协会会长。"发现者这么介绍说。"如果那样的话，肯定是他杀，遗书也是伪造的。"亨特侦探认真察看了现场以后，果断地下了结论。

亨特侦探为什么这么说呢？

我是答案

老人的遗书是伪造的

亨特侦探想到这位老人是爱鸟者，便断定为他杀。如果老爱鸟协会的会长，那么在自杀之前应该放小鸟飞，给小鸟自由。如果他真的自杀的话，小鸟们会因断了喂水和食物而死的。发现人为了伪装老人是自杀，把鸟小鸟关在笼子里面就目的而来，是不可能爱鸟的。

伪造翻船事故的杀人案

贝加尔湖是世界上最深的湖泊，就透明度而言，也是世界上首屈一指的，从水面上甚至能看到水中40米深的地方。

就在一个夏天的早晨，贝加尔湖水面上发现了一具漂着的男尸，一条小船翻扣在水面上和尸体漂浮在一起。看上去是划船游览时被风吹起的波浪打翻了船，而造成船翻人亡的。推定死亡时间是头天晚上8点钟左右。

死者是位于湖泊西南岸上机械厂的制图员，住在5层楼房的单身宿舍。因患有恐高症，他的房间在一楼。

"他不会游泳吧？"警察去他工作的工厂向同事们了解情况。

"经常见他去体育馆的游泳池游泳，所以，当翻船后掉进水里时，大概是发生了心脏停搏死去的吧。因为贝加尔湖的湖水，即使是夏季水温也是很低的。"同事们这样回答说。

可是，警察突然注意到了什么，马上明确地断定说："即使是溺水死亡，也不是翻船事故，是罪犯伪造翻船事故的杀人案。"

你知道警察为什么会做出这样的判断吗？

 我是答案

伪造翻船事故的杀人案

暴露罪犯的是案件中死者的恐高症。住在有恐高症一层的情况，与案件内医层楼房上住上去一样，同样也是他难耐恶高症的人，要让恐惧症患者到湖上划船就更因难了，势必小船时只会以能蹲在水里一看就知道是翻落水和湖泊的破绽吗。一个有恐高症的人看到大呼目前，脚腿发软，更别说自己到船面上去玩，也是翻船的。

贝尔的推断

一天,曾发明了磁石式电话的美国科学家贝尔博士正在华盛顿郊区住宅的书房里看书。警察局的凯利警长前来拜访他,说:"昨天晚上城里发生了一场火灾,是煤气爆炸所引起的。在火场中发现一具老妇人的尸体,她是在卧室中被发现的。经过解剖,她的健康状况很好,却在煤气爆炸前服用过安眠药。当然,她卧室中也有煤气管漏气的现象。"

贝尔说:"可能是用煤气自杀。"

"那煤气为什么会爆炸呢?引起煤气爆炸的火头又是从哪里来的呢?在这房子里像有定时炸弹之类的东西。恰巧又在爆炸之前停电,不可能因漏电而起火。我们现在怀疑被害人的侄子。被害人的主要财产是大量的宝石和股票,都存在银行里,连同她数量可观的人寿保险金和这所房子,都立下遗嘱全归侄子继承。老妇人的侄子也许是想早日继承这笔财产,而姑妈却很健康。然而,在这房子爆炸前后,他都不在现场,而是在离现场十公里的一家饭店里。服务员说,他在饭店里还打过电话,对方好像是他的一个长辈。这样说来，作案的可能性似乎被排除了。"

"不!这侄子肯定是利用电话引爆煤气的!"贝尔大叫起来。

"电话还能引爆?这不可能吧!"

"完全可能。"贝尔说出了自己的推断。凯利警长经过周密的侦察和对老妇人侄子的审讯，发觉事实果真如贝尔所推断的那样。

你知道贝尔是怎么推断的吗？

我是答案

贝尔的推断

贝尔推断，自凡的侄子可以在老妇人的电话上装一个能使电话铃发出猛烈振荡的装置。然后，他先打开煤气的开关，让煤气飘出来，他也随即离人逃了。当他估计房内充满煤气时，就在别处打电话给老妇人，电话机中的电磁铁，如遇到电话机的振荡器会重，引起猛烈的震荡，电话和电铃都会在剧烈的振动中冒火，电铃接触器也可以发出火花，于是煤气就着火了，由此造成了煤气爆炸人亡、毁灭罪证的目的。

罪犯就是清水

电视播音员清水在夜里1点多钟突然向警方报案,说他妻子被杀了。

山本警长驱车火速赶赴现场。这是一幢新宅,门旁车库前停放着一辆红色越野车。

警长下车走近大门时,那儿突然有条狗汪汪地叫起来。那是一条狼狗,被一条长长的铁链拴着。

"太郎,住声!"清水走出门来,那条狗便乖乖地蹲在他的脚下。看来是训练有素。

死者身穿睡衣,倒在厨房的地板上,是头部被打击致死的。

清水声泪俱下地向警长诉说:"我为一点儿小事和妻子吵了一架,憋着一肚子气跑了出去,在外面兜了两个小时风,回来一看,妻子被杀了,那时是11点,我出去后大概妻子没关门,肯定是强盗闯进我家,被妻子发现后,于是杀人逃走了。"

"有什么东西被盗了吗?"

"放在柜子里的现金和妻子的宝石不见了。"

"去兜风时带上你的狗了吗?"

"没有,只是我一人去的。"

现场取证工作基本结束了。第二天一大早,警长就命令助手到邻居家了解情况。不一会儿,助手跑回来报告说:"西边的邻居家里有一个老头昨晚几乎看了一夜电视。据他讲,在罪犯作案的时间里没听到什么异常的动静。"

"也没有听到汽车的声音吗?"

"听到过,有过汽车的声音,是晚上11点左右听到汽车由车库开出的声音,这一点与清水讲的完全一致。"

"不错,罪犯就是清水!"

果然,经审讯,清水供认由于自己同女歌星约会被发觉,和妻子吵了架,怒不可遏地抄起啤酒瓶照着妻子的头部砸去。本来是无意杀死妻子的,但事后又不想去自首,因而伪造了盗窃杀人的假象,并出去兜风,顺便把当作凶器的啤酒瓶扔进河里。

那么,山本警长究竟凭什么证据,识破了清水的犯罪行为呢?

我是答案

罪犯就是清水

狗为什么没有叫唤。如果真的有强盗潜入,警犬受过训练的狼狗会大声叫唤。然而,沈水的岳母亲家人只听到了汽车的声音,这说明凶手是狗熟悉的人了,也就是狗的主人清水。

"蒙面占卜师"被害之谜

日本某旅游团踏上了中国的丝绸之路。一天夜里"蒙面占卜师"在住地被人杀害,死因是有人在占卜师喝的咖啡里投了毒。

这个"蒙面占卜师"在日本电视《你的未来生活》栏目中名声大噪。但观众从未见到过他的真面目,对他的私生活也一无所知。

在旅游期间,尽管他谈笑风生,热情友好,但也从不摘下脸上的面纱。

这是为什么呢!中国警官在勘查现场时揭开了谜底:他得过梅毒,鼻子已经腐烂,蒙面是为了遮丑。

中国警官分析认为,得梅毒的人一般性生活比较混乱,因而该案属于情杀的可能性极大。于是,中国警方通过国际刑警组织向日本警方发出通报,要求查清占卜师的私生活并提供破案线索。可是,日本警方的答复却令人失望:占卜师得梅毒系父母遗传,本人作风正派,为人和善,没有仇人,在日本国内无破案线索。

真是棘手的难题。

破案只能从笨办法开始:调查旅游团内有谁与占卜师一起喝过咖啡。经过一番艰苦细致的工作,终于找到了三个嫌疑人。

芳子——占卜师的妻子；
井田——占卜师的弟弟；
小林冈茨——旅游团成员。

芳子另有新欢。此次本不愿来中国旅游，她想趁机留在日本与姘夫厮混，占卜师揭穿了她的企图，强行拉她来到中国。为此，她每晚与占卜师争吵不休。平时她爱喝咖啡，有作案动机。

井田是位证券商，为人阴险狡猾。为了攫取钱财常常不择手段。三年前借给占卜师一笔钱款，多次催讨未果。此次旅游中，他与占卜师喝咖啡时看见占卜师带了一笔巨款，再次向他索要。占卜师非但不还，还以兄长的身份斥责他的为人，使他怒不可遏。中国警官在清理占卜师的遗物时，又发现他所带的巨款已不翼而飞。

小林冈茨，服装设计师，经济拮据而又吝啬。原来与占卜师互不相识，旅行途中成为好朋友。他俩经常在一起喝咖啡。一次小林冈茨请占卜师为其占卜，不知占卜师说了什么，两人发生争吵，小林冈茨悻悻离去时，将一杯未喝完的咖啡泼了占卜师一身。

以上三人都没有在占卜师的死亡推定时间内不在现场的证人，而其他团员都一一被排除了嫌疑。

中国警官对三个嫌疑人逐个推理分析，最后确定了凶手。经过审讯，这个嫌疑人供认不讳，并查到了证据。

你知道凶手是谁吗？有什么证据？

我是答案

"善男名人师" 推事之谜

凶手是小林冈茨。

因为和占卜师一起喝咖啡的人有：占卜师的妻子、芳子和小林冈茨。无论是占卜师的妻子和弟弟，他们兼于自己的身份是看望良的，由就是说，占卜师没有必要在他们面前掩饰其面貌丑陋，只有小林冈茨要图与来人喝咖啡并掩饰死，由此推断凶手很可能是小林冈茨无疑了，没有别人。

去过芝加哥的证据

大盗欧文从芝加哥美术馆轻而易举地盗出一张世界名画。他驱车上了高速公路,向东逃往纽约。

他进了纽约后,在汽车餐馆吃了点儿东西,没想到却在那儿碰上了亨特侦探。

"嘿,你好!真是千里有缘来相会呀,没想到又在这儿相见了,是驾车旅行吧?"亨特侦探凑到同一张桌上搭讪。

"是的。刚好……哎呀,怎么都这个时间啦!对不起,我失陪了。"欧文看了看手表,慌忙起身要走。亨特侦探一把抓住他的手腕,拦住了他。

"那件事不是已经干完了吗?还是不必那么急着走吧。"

"啊,你指什么?"欧文心里惦记着放在汽车后备厢里盗来的画。可他表面依然故作镇静。

"刚刚电视新闻里说,昨天夜里芝加哥美术馆的一张名画被盗,难道那不是你的拿手好戏吗?我不是警察,你老实跟我说。"亨特侦探盯着欧文的脸,笑呵呵地说。

"你这是什么话!我这一个星期根

本就没离开过纽约。"

"装傻也没用,你去过芝加哥,你手上的表已经告诉我了。"亨特侦探直截了当地挑明了。

你知道亨特侦探这样判断的理由是什么吗?

我是答案

芝加哥加州的时报

参加量与组约的时差是一小时,芝加哥地处相距较近的美国,每隔一个国家但有4个标准时间,即东部、中部、山地部及及太平洋标准时间。芝加哥与组约的有一小时的时差。

亨特侦探看了眼久松的手表,发现比组约的时间(东部标准时间)慢一小时,便知道了他名义上参加量(中部标准时间)。

既然从参加量的,说明久松在度时间带后,忽略了手表慢了一小时的情况。

清洁工的谎言

207国道旁边一座高层公寓的807号房间发生了盗窃案。

市刑侦队队员在检查现场时,一位女清洁工反映:"我听到房间里有声音,就走到门口,因为害怕,我就透过门上的锁孔向里瞧,看到一个男人从房间左侧的暖炉里,把什么东西装到口袋里,然后穿过房子,从右侧窗户跳窗逃跑了。"刑侦队员李明听完了这位清洁工的话,立即做出判断:这是谎话。

你知道李明的依据是什么吗?

我是答案

清洁工的谎言

根据一般门的宽度,透过锁孔几乎不可能看到房间里面的暖炉侧,所以李明能识破了女清洁工说的是谎话。